DEVENIR
PRATICIEN-CHERCHEUR

MÉTHODES EN SCIENCES HUMAINES

Collection dirigée par Jean-Marie De Ketele,
Jean-Marie Van der Maren et Marie Duru-Bellat

ALBARELLO L., *Apprendre à chercher (2e éd.)*
ALBARELLO L., *Devenir praticien-chercheur (2e éd.)*
ALBARELLO L., BOURGEOIS É., GUYOT J.-L., *Statistique descriptive*
ANIS J., *Texte et ordinateur. L'écriture réinventée ?*
ARCAND R., BOURBEAU N., *La communication efficace*
COLSON J., *Le dissertoire*
COSNEFROY L., *Méthodes de travail et démarches de pensée*
CRÊTE J., IMBEAU L. M., *Comprendre et communiquer la science*
DEFAYS J.-M., *Principes et pratiques de la communication scientifique et technique*
DE KETELE J.-M., ROEGIERS X., *Méthodologie du recueil d'informations (3e éd.)*
DÉPELTEAU FR., *La démarche d'une recherche en sciences humaines*
ENGLEBERT A., *Le mémoire sur ordinateur*
FOX W., *Statistiques sociales*
GOMEZ F., *Le mémoire professionnel*
HOTTOIS G., *Penser la logique (2e éd.)*
HOWELL D. C., *Méthodes statistiques en sciences humaines*
JONES R. A., *Méthodes de recherche en sciences humaines*
JUCQUOIS G., *Rédiger, présenter, composer (2e éd.)*
JUCQUOIS G., VIELLE C., *Le comparatisme dans les sciences de l'homme*
LAVEAULT D., GRÉGOIRE J., *Introduction aux théories des tests (2e éd.)*
LEMIEUX V., OUIMET M., *L'analyse structurale des réseaux sociaux*
LENOBLE-PINSON M., *La rédaction scientifique*
LESSARD-HÉBERT M., GOYETTE G., BOUTIN G., *La recherche qualitative. Fondements et pratiques*
MACE G., PÉTRY FR., *Guide d'élaboration d'un projet de recherche en sciences sociales (3e éd.)*
MÉOT A., *Introduction aux statistiques inférentielles*
MILES B. M., HUBERMAN A. M., *Analyse des données qualitatives (2e éd.)*
PIRET A., NIZET J., BOURGEOIS E., *L'analyse structurale*
SCHNEDECKER C., *Lire, comprendre, rédiger des textes théoriques*
THIRY P., *Notions de logique (3e éd.)*
VAN DER MAREN J.-M., *Méthodes de recherche pour l'éducation (2e éd.)*
VAN DER MAREN J.-M., *La recherche appliquée en pédagogie (2e éd.)*

Luc ALBARELLO

DEVENIR PRATICIEN-CHERCHEUR

COMMENT RÉCONCILIER LA RECHERCHE ET LA PRATIQUE SOCIALE

NOMBREUX EXEMPLES

Préface d'Etienne Bourgeois

MÉTHODES EN SCIENCES HUMAINES

de boeck

1e édition

Éditions De Boeck Université
rue des Minimes 39, B-1000 Bruxelles

Imprimé en Belgique

Dépôt légal:
Bibliothèque Nationale, Paris: avril 2004
Bibliothèque Royale Albert Ier, Bruxelles : 2004/0074/033

ISSN 1373-0231
ISBN 2-8041-4550-6

PRÉFACE

L'ouvrage de Luc Albarello prend à bras le corps une problématique complexe et combien pertinente. Il prend en effet acte d'une réalité souvent non dite et pourtant de plus en plus évidente : qu'on le regrette ou qu'on s'en réjouisse, la pratique de la recherche en sciences sociales n'est pas (ou plus) l'apanage unique de l'Université ou autres institutions de recherche scientifique. Elle est devenue monnaie courante sur le terrain même des pratiques sociales… qu'elle a pour objet ! Et dans notre société dite « de la connaissance », elle est appelée à brève échéance à se développer de plus en plus sur le terrain. Dans le même temps, l'ouvrage prend également acte de la difficulté singulière que soulève cette double posture — combien paradoxale — de « praticien-chercheur », c'est-à-dire, d'acteur engagé à la fois dans une pratique socio-professionnelle de terrain *et* dans une pratique de recherche ayant pour objet et pour cadre son propre terrain et sa propre pratique.

Aborder cette question de front suppose que l'on prenne résolument le parti de tourner le dos à deux positions extrêmes. La première, explicitement dénoncée par l'auteur, consiste à confondre la spécificité de la démarche de recherche en sciences sociales avec le contexte institutionnel singulier dans lequel elle s'est jusqu'ici massivement pratiquée. Comme si la pratique de la recherche supposait *par essence* un contexte institutionnel particulier, en dehors duquel elle ne serait que fumisterie : position épistémologique dont on voit évidemment la fonction sociale de réserver à certaines institutions et certains acteurs le monopole de cette pratique sociale combien stratégique dans notre « société de la connaissance ». À l'opposé de cette position défensive d'une Institution scientifique drapée dans son manteau de légitimité et de vertu, on trouve le discours qui consiste à diluer la spécificité de la pratique de recherche en la considérant en fin de compte comme une forme de « pratique réflexive » : au fond, tout praticien aurait le droit de s'autoproclamer « chercheur » dès lors qu'il « produit de la connaissance ». Entre « praticien réflexif » et « praticien-chercheur », il n'y aurait donc pratiquement aucune différence, tout au plus, peut-être, une différence de degré dans l'ampleur et la systématisation de la réflexion sur la pratique.

Entre ces deux positions extrêmes, présentées ici de façon caricaturale et néanmoins bien vivaces aujourd'hui, le présent ouvrage ouvre une troisième voie, indispensable et courageuse : celle de s'interroger sans tabou sur ce qui fait la spécificité de la pratique de recherche, *à la fois* en tant qu'irréductible à une « simple » démarche de pensée réflexive dans l'action *et* en tant qu'a priori praticable également sur le terrain de l'action, hors du cadre de l'Institution scientifique. Cette question est abordée par l'auteur principalement sous l'angle des compétences à développer chez le praticien-chercheur pour qu'il soit en mesure d'assumer le plus efficacement possible cette double posture. À partir d'une analyse extrêmement pertinente des opérations qui constituent l'essence d'une démarche de recherche scientifique en sciences sociales, l'auteur discute minutieusement les compétences requises pour une mise en œuvre efficace de ces opérations, non sans s'interroger également sur la manière dont ces compétences peuvent être apprises. L'exposé est d'autant plus convaincant que l'auteur l'appuie sur de nombreuses et très éclairantes illustrations tirées de sa longue expérience d'enseignant de méthodologie de la recherche en sciences sociales auprès d'un public d'adultes engagés professionnellement.

Au-delà de cette analyse fine des opérations méthodologiques qui caractérisent la démarche de recherche, on pourrait aussi s'interroger sur les processus cognitifs centraux mobilisés dans l'exercice de cette démarche. À y regarder de plus près, on ne peut qu'être frappé par les similitudes entre la démarche de recherche et la démarche d'apprentissage, du point de vue des processus cognitifs en jeu. En bref, dans une perspective constructiviste, on considère qu'il ne peut y avoir d'apprentissage, c'est-à-dire transformation « majorante » d'une structure de connaissance préalable, que si, d'une part, cette structure a été activée et confrontée à un moment donné à de l'information extérieure et, d'autre part, cette confrontation a débouché sur un « conflit cognitif », c'est-à-dire la mise en question de la structure préalable. L'expérience d'un conflit cognitif peut certes déboucher sur une transformation de la structure initiale, lorsque celle-ci finit par s'ajuster à l'information initialement perturbante. Dans ce cas, le sujet aura « appris ». Cependant, tout conflit cognitif ne conduit pas nécessairement à un apprentissage. L'individu dispose en effet d'une impressionnante panoplie de stratégies cognitives permettant de dépasser un conflit cognitif d'une manière qui préserve intacte la structure initiale, comme par exemple, le « biais de confirmation d'hypothèses », qui consiste à ne se centrer que sur l'information congruente avec la structure de connaissance initiale et à esquiver l'information potentiellement perturbante. Dans la vie quotidienne, ces stratégies de régulation « homéostatique » des conflits cognitifs sont fonctionnelles : elles permettent d'assurer une indispensable stabilité relative du système de croyances, de valeurs et de connaissance de l'individu en le « protégeant » des innombrables occasions de remise en question auxquelles il est constamment exposé dans la vie.

Or, « faire de la recherche », que ce soit au sein d'une institution scientifique ou sur le terrain de l'action sociale, est une pratique dont le but explicite est de produire des « connaissances », c'est à dire des modèles, des représentations, de la réalité compatibles avec l'information disponible sur cette réalité. Dès lors, tout l'appareillage conceptuel, méthodologique et technique mobilisé dans une démarche de recherche n'a finalement d'autre fonction essentielle que d'aider le chercheur à « penser contre soi », c'est-à-dire, à organiser la confrontation d'une structure préalable (la théorie initiale que l'on veut mettre à l'épreuve sous la forme d'une hypothèse) avec de l'information nouvelle (les données recueillies sur la réalité que l'on cherche à comprendre) et à créer les conditions favorables (1) pour qu'un conflit cognitif puisse émerger de cette confrontation (on cherche par tous les moyens à infirmer plutôt que confirmer l'hypothèse de départ) et (2) pour que, le cas échéant (s'il y a incompatibilité de l'hypothèse de départ avec les données), ce conflit soit régulé par une transformation de la structure initiale (on tente d'ajuster la théorie initiale pour la rendre compatible avec les données) plutôt que par une régulation homéostatique (esquiver d'une manière ou d'une autre les données « dérangeantes »).

Dans cette perspective, le défi de la formation de praticiens-chercheurs est de leur donner les moyens de « penser contre soi » et surtout de pouvoir pratiquer cette démarche dans des conditions a priori moins propices à la distanciation, puisque le chercheur est lui-même engagé comme acteur dans la réalité sur et dans laquelle il tente d'exercer cette démarche.

Il nous semble cependant que les conditions permettant au praticien-chercheur d'exercer une véritable démarche de recherche dans et sur son terrain d'action ne se limitent à l'acquisition des compétences idoines. Le praticien-chercheur peut être idéalement formé à la recherche de terrain, encore faut-il qu'il puisse rencontrer sur ce terrain les conditions institutionnelles et matérielles qui lui permettront d'exercer ses compétences. On pense par exemple aux conditions d'indépendance du praticien-chercheur dans la conduite de sa recherche dans ou pour une organisation, lorsque l'étude est commanditée par un responsable hiérarchique dont dépend le chercheur. On pense aussi, plus fondamentalement, aux conditions liées à l'organisation du travail dans les organisations, qui permettent ou non au praticien-chercheur de cultiver le lien avec la communauté scientifique : le praticien-chercheur a-t-il réellement le temps et les moyens de mettre à jour ses connaissances et compétences méthodologiques et théoriques nécessaires à l'exercice de son travail de praticien-chercheur, par la lecture, la participation à des rencontres scientifiques, etc. ? A-t-il l'occasion de maintenir des collaborations effectives avec les milieux de recherche pertinents ? A-t-il réellement la possibilité de collaborer avec d'autres praticiens-chercheurs pour le développement d'une dynamique collective de recherche sur le terrain ?

Enfin, il nous semble que la problématique du praticien-chercheur ne concerne pas uniquement les compétences de ce dernier et les conditions institutionnelles dans lesquelles il évolue sur le terrain. Elle interpelle aussi… l'Université. D'abord, celle-ci a évidemment une responsabilité première dans le développement des compétences du praticien-chercheur. Ceci pose la question plus large de l'accès et de la formation initiale et continue des adultes à l'Université, et tout particulièrement des dispositifs pédagogiques favorables au développement des compétences spécifiques du praticien-chercheur. Au-delà de cette responsabilité de formation, l'Université est aussi interpellée dans sa capacité à développer des synergies avec les acteurs de terrain dans la conduite de ses activités de recherche. Dans quelle mesure les chercheurs professionnels sont-ils encouragés à développer des collaborations avec le terrain : qu'il s'agisse d'interventions diverses permettant au chercheur de garder suffisamment le contact avec les questions, préoccupations et problèmes du terrain pour assurer une pertinence sociale des projets de recherche qu'il mène à l'Université ou dans son centre de recherche, ou qu'il s'agisse de projets de recherche-action, impliquant directement des acteurs de terrain ? Or on peut craindre que les critères de légitimité autour desquels s'organisent les rapports sociaux dans le champ universitaire et les modes d'organisation du travail qui y prévalent ne sont pas particulièrement propices au développement de ce type de synergies. Enfin, on peut aussi s'interroger sur les possibilités qu'offre l'Université à des praticiens-chercheurs de venir se « ressourcer », par une implication dans les activités scientifiques d'un labo, par la réalisation d'un doctorat, par la participation à des publications…

Le praticien-chercheur, comme le praticien réflexif, est un praticien capable de « penser contre soi ». Mais il est plus que cela. Il maîtrise en outre les compétences spécifiques lui permettant d'exercer efficacement une véritable démarche scientifique ayant pour objet et contexte sa propre pratique. Au-delà de cette dimension de maîtrise de compétences, le praticien-chercheur a aussi été socialisé dans une *communauté de pratiques* — la communauté scientifique — à laquelle il appartient désormais. Le défi qui est dès lors posé, au-delà d'assurer la formation initiale pour devenir praticien-chercheur, et de permettre à celui-ci… de le rester, c'est-à-dire, non seulement d'entretenir et de développer ses compétences, mais également d'entretenir et de développer sa double appartenance à ces deux communautés de pratiques que sont son terrain d'action et la communauté scientifique. À l'heure d'une société de la connaissance, ce défi — sans doute, politique avant tout — mérite plus que jamais d'être relevé.

Étienne Bourgeois

Louvain-la-Neuve, le 5 novembre 2003

REMERCIEMENTS

Cet ouvrage n'a pu être conçu et réalisé que grâce aux contacts incessants avec mes collègues enseignants et conseillers à la formation de la FOPES (Faculté ouverte de politique économique et sociale) et de la FOPA (Institut des sciences de l'éducation) de l'Université catholique de Louvain et en particulier F. Cortesi, L. Paquay, X. Roegiers, D. Grootaers, B. Cockx, M. Esser, G. de Villers, M. Bonami, D. Gallez, J. Gillardin, L. Dumont, P. Steyns, D. Ruquoy, G. Liénard. Je les en remercie chaleureusement ainsi qu'É. Bourgeois qui a accepté de développer son point de vue dans la préface à l'ouvrage.

Mes remerciements s'adressent ensuite tout particulièrement aux étudiants adultes qui suivent une formation universitaire et qui, lors des cours et séminaires de méthodologie de la recherche ainsi que lors des innombrables échanges que j'ai le plaisir d'entretenir avec eux, notamment dans le cadre de la réalisation de leur mémoire, m'ont en quelque sorte fourni la matière, brute mais combien précieuse, de la présente réflexion.

Je remercie Claude Gillard ainsi que Danielle Mouraux qui ont activement collaboré à cet ouvrage en m'en fournissant en quelque sorte, par le biais de leur recherche, le fil conducteur. J'ajoute que sans mes collaboratrices du bureau d'étude que j'ai la satisfaction de diriger, Sonecom, ce livre n'aurait certainement pas vu le jour ; je les en remercie.

Enfin, tous mes encouragements s'adressent aux praticiens-chercheurs qui entament une recherche en sciences humaines, en espérant que la lecture de ces lignes les aide à la conduire à bon port.

Luc Albarello

AVANT-PROPOS

Ce livre a été écrit à destination des trois publics suivants. Tout d'abord, les acteurs sociaux qui sur d'innombrables terrains et au sein de multiples associations et organisations tentent de mener à bien une étude de nature scientifique. Dans notre réflexion, ils occupent une place tout à fait centrale et nous les dénommons des *praticiens-chercheurs*.

Ensuite, il arrive que ces mêmes acteurs sociaux s'engagent dans une formation au cours de laquelle on leur demande de mener à bien une recherche ; ils deviennent ainsi des *praticiens-chercheurs en situation de formation*. Nous espérons leur fournir des éléments qui leur permettront de mener à bien ces travaux de recherche.

Enfin, nous nous adressons aux *formateurs* qui sont amenés à enseigner des cours de méthodologie de la recherche ou à encadrer des mémoires ou des travaux de fin d'étude. Le quatrième chapitre concernant les modalités d'acquisition de compétences spécifiques leur est particulièrement destinée. Nous y suggérons, sur base de notre propre expérience de formateur, des situations qui nous ont paru particulièrement productives et fécondes.

INTRODUCTION

Il n'y pas, opposées ou éloignées, la science (humaine) d'un côté et l'action (sociale), de l'autre. Les sciences humaines s'enrichissent et se développent en s'immergeant sans cesse dans l'action sociale tandis que les mouvements et les acteurs sociaux intègrent régulièrement dans leur activité les acquis scientifiques en vue d'accroître leur force de conviction et leur impact sur la société. Ce perpétuel mouvement conduit notamment aux deux situations suivantes. D'une part, des acteurs sociaux, impliqués dans des organisations sociales diverses entament fréquemment de réels processus de recherche. De nombreuses et excellentes recherches sont menées dans les services d'études des mutualités, des syndicats, dans les associations, dans des bureaux privés, dans les Fonds sociaux des Commissions paritaires, au sein des administrations publiques, etc. D'autre part, liées au développement de la dite « société de la connaissance », les formations pour adultes, en particulier en sciences humaines, sont en plein essor. Ces adultes se forment essentiellement en vue d'acquérir des outils, des modèles, des cadres de référence qui leur permettront de jeter un regard neuf sur des aspects de leur pratique sociale ou professionnelle en construisant une connaissance plus objective du réel. Les innombrables mémoires de fin d'étude en formation d'adultes témoignent de la quantité et également de la qualité scientifique des travaux de recherche qui y sont menés. Nous nous trouvons dès lors dans une situation de plus en plus fréquente dans laquelle des acteurs sociaux présents dans divers terrains de l'activité sociale sont confrontés à la nécessité d'adopter le profil et d'acquérir les compétences d'un chercheur en sciences humaines. La position de ces praticiens-chercheurs peut parfois être inconfortable puisqu'il s'agit de concilier deux modèles de pensée qui sont par définition différents et qui peuvent même à certains moments, comme nous le verrons ultérieurement dans ce livre, être antagonistes et contradictoires. En tant que professionnel de la recherche en sciences sociales et en tant qu'enseignant des cours de méthodologie de la recherche en sciences humaines, l'auteur se trouve fréquemment placé au cœur même de cette contradiction ou de cette tension que précisément le présent livre tente de cerner, de comprendre et d'analyser. Notre objectif consiste donc à fournir aux acteurs sociaux que nous dénommons praticiens-chercheurs, quelques clés et quelques pistes qui leur permettront en premier lieu d'expliciter et de comprendre mieux la tension qu'ils vivent et en second lieu d'opérer de manière plus douce ce passage ou ce va-et-vient entre les deux modèles, celui de l'action et celui de la recherche. Précisons encore que la dichotomie présente n'est pas celle qui opposerait des praticiens qui ne seraient pas universitaires à des chercheurs qui le seraient. Bon nombre de praticiens-chercheurs sont en effet issus de l'enseignement universitaire mais, par leur insertion professionnelle ou sociale, ils partagent davantage le modèle de l'action que celui de la recherche. Ce sont les conditions de vie, d'engagement, d'emploi, etc., qui déterminent le modèle dans lequel les acteurs évoluent et fonctionnent plutôt que leur désir ou leur souhait du moment (même si un souhait personnel peut se transformer, bien sûr, en projet de vie et, ensuite, en réalité sociale).

Dans un précédent texte (ALBARELLO, 2003), la perspective générale était identique mais nous adoptions une approche davantage méthodologique, technique, procédurale, qui présentait les techniques les plus fréquemment utilisées dans l'observation d'un phénomène social. Nous y décrivions les techniques de récolte de données (questionnaire et échantillon, guide d'entretien semi-directif, études de cas, observation directe, etc.) ainsi que les modalités de traitement de ces données (saisie et construction de fichiers informatiques, analyse de contenu et catégorisation, analyse structurale, etc.). Ici, nous lançons un autre regard, davantage épistémologique et conceptuel en analysant plutôt le type de posture intellectuelle à adopter que les techniques méthodologiques à appliquer.

Le premier chapitre concerne les notions d'engagement et de distanciation. Les deuxième et troisième chapitres concernent les compétences spécifiques de la recherche. Nous y traitons la maîtrise de concepts essentiels tels que terrain social, champ d'étude, phénomène, discipline, théorie et hypothèses. Le quatrième chapitre traite de diverses modalités d'acquisition de ces compétences et de ces capacités d'agir. Le dernier chapitre évoque la question de la restitution des résultats de la recherche et de leur appropriation par le terrain social, c'est-à-dire du retour de la connaissance vers l'action.

Pour terminer cette introduction, un mot sur le statut de la recherche scientifique ; nous n'ouvrirons pas, dans ce livre, pour une enième fois, l'épineux dossier du statut épistémologique d'une recherche. Cependant, pour jouer cartes sur tables avec nos lecteurs et pour présenter nos propres fondements épistémologiques, précisons dès à présent que nous nous positionnons généralement dans le cadre d'une approche inductivo-hypothético-déductive ; cela signifie simplement qu'une recherche repose généralement sur l'observation de faits réels ; qu'elle construit ensuite, avec l'aide décisive d'un référent théorique, des hypothèses de travail et qu'enfin, elle teste ces hypothèses grâce à une observation empirique. C'est dans ce cadre très général que nous nous situons pour émettre les réflexions qui suivent et pour transmettre aux praticiens-chercheurs qui s'engagent dans la voie d'une recherche, des conseils que nous espérons les plus concrets et les plus judicieux possible.

CHAPITRE 1

DEUX MODÈLES : L'ENGAGEMENT ET LA DISTANCIATION

INTRODUCTION

Dans ce premier chapitre, nous jetons la base de notre réflexion à partir des concepts d'engagement et de distanciation tels qu'ils ont été développés par N. ELIAS. Nous distinguerons dorénavant ces deux modèles en tentant d'indiquer ce qu'ils ont chacun de spécifique. Nous verrons à quel point il est utile et bénéfique qu'une recherche en sciences humaines soit vraiment ancrée dans un terrain social (l'engagement) mais nous indiquerons également l'utilité de prendre distance et d'opérer un recul par rapport à ce terrain (la distanciation). S'il souhaite passer du modèle qui lui est coutumier, celui de l'action, à celui de l'analyse et de la recherche, il importe que l'acteur social acquière des compétences spécifiques et originales. L'objectif du présent chapitre consiste à préciser ces notions de distanciation et d'engagement tout en montrant aussi la complémentarité entre les deux modèles.

1. L'action, la recherche

ELIAS mobilise deux concepts fondamentaux pour comprendre l'évolution entière de l'humanité depuis les âges préhistoriques de l'espèce humaine jusqu'à ce jour : le concept d'engagement d'une part, celui de distanciation, d'autre part. Le pôle de l'engagement est celui du subjectif, du non-distancié, de l'irrationnel, de l'imaginaire. Le pôle de la distanciation est celui de l'objectif, du rationnel, du pensé, du maîtrisé. L'auteur va jusqu'à prétendre que *« c'est la relation de ces deux pôles qui détermine le cours des actions humaines* » (ELIAS, 1983 : 10). Il nous montre que c'est dans un effort permanent de tendre vers la distanciation, c'est-à-dire vers la compréhension et la maîtrise, que les sociétés humaines ont progressivement pu, et ce de manière encore inachevée, gagner de plus en plus de combats contre les forces de la nature. Mais si les relations des hommes avec les forces de la nature ont pu être maîtrisées progressivement, il n'en va pas de même dans la gestion des relations réciproques entre les hommes eux-mêmes. Celles-ci, écrit-il, deviennent de plus en plus complexes et parfois de moins en moins maîtrisables. Cette difficulté de gérer les relations entre les hommes et entre les groupes sociaux se concrétise dans les relations inter-étatiques qui, répondant à une logique spécifique, continuent de dériver vers des situations non planifiées, non contrôlées, de guerre, de conflit, de dysfonctionnements de tout genre.

Dans le cadre de la présente réflexion, nous posons l'hypothèse que le double concept d'*engagement-distanciation* est tout à fait adéquat pour appréhender une problématique plus microsociale qui se situe dans le domaine, non plus des relations entre États, mais dans celui de la méthodologie de la recherche en sciences humaines et plus spécifiquement lorsque cette recherche est menée par des praticiens-chercheurs, c'est-à-dire des acteurs sociaux impliqués dans un mouvement, une organisation, une action sociale donnée. Notre expérience en tant que formateur d'adultes en sciences humaines et en sciences de l'éducation montre en effet à quel point la question du rapport entre les deux pôles est centrale et décisive dans le processus de formation [1]. Le plus souvent, en effet, la recherche en sciences humaines s'articule avec un terrain social au sein duquel évolue, culturellement ou professionnellement, le praticien-chercheur ou l'adulte-praticien en formation. C'est le cas de l'assistante sociale qui étudie les attitudes et les pratiques des intervenants sociaux par rapport à un nouvel outil d'intégration du Centre public d'aide sociale ; c'est aussi le cas de l'instituteur qui entame une recherche sur les représentations des enseignants par rapport à la pratique du redoublement ; le cas de la responsable d'une institution menant une recherche sur l'impact de procédures inter-générationnelles sur les représentations mentales des petits enfants et des personnes âgées qui y participent ; le cas du service d'étude d'un syndicat analysant les pratiques participatives et les modalités d'information au sein de son organisation ; le cas d'une formatrice étudiant les motivations des personnes sans emploi à s'engager dans une nouvelle formation, etc. Dans toutes ces situations, le praticien-chercheur est bien dans une position d'*engagement* par rapport à son terrain. Il y est un acteur social parmi d'autres. À ce titre, il poursuit des objectifs particuliers, il met au point des stratégies individuelles et collectives, il entre en relation réciproque avec les autres acteurs du terrain ; il s'investit dans des combats divers, partage des opinions, tente de convaincre, de séduire, etc. Il se situe donc clairement dans le registre de l'action et de l'engagement qui possède ses propres normes de fonctionnement. Or ce sont ces mêmes personnes qui, dans le cadre d'une formation continuée ou dans le cadre de leur organisation (le CPAS, l'école, le syndicat), sont amenées à jouer un rôle différent et à remplir une autre fonction, celle de l'analyse et de la recherche.

1 Luc Albarello dispense les cours de Méthodologie de la recherche, en formation d'adultes, à la Faculté ouverte de politique économique et sociale et à l'Institut de formation en sciences de l'éducation de l'UCL.

Cela entraîne toutefois une difficulté majeure que HIERNAUX (1990 : 102) décrit comme suit :

> « Constituer les agents de l'action, les praticiens, dans le statut et la capacité d'élaborer le savoir qu'ils détiennent peut être chose d'autant plus malaisée que, si beaucoup sentent la nécessité de ce qu'ils font — et donc « savent » en pratiquant — ils peuvent volontiers ne pas saisir ce savoir de manière abstraite. Ils ne l'expriment donc pas plus aisément en termes conceptuels ou théorisés. »

Ce point de vue est confirmé par un auteur comme PINTO pour qui

> « il est incontestablement difficile de prendre pour objet l'univers dans lequel on est immergé et tenu par des liens visibles et invisibles. En pareil cas, la prétention à connaître ne peut s'accomplir qu'à condition de prendre conscience de tout un ensemble de tendances et de tentations qui simulent et empêchent la connaissance… » (1989 : 51).

On peut ainsi considérer comme règle générale que tout processus de recherche mené par un praticien se situe sur l'axe « engagement-distanciation » ; il est important que le chercheur soit conscient de cette situation car il est toujours plus ou moins proche, plus ou moins distant de son objet. La question est de savoir si les deux positions évoquées peuvent coexister dans le chef d'une même personne, d'un même acteur. Notre réponse est à coup sûr affirmative et nous pensons avec MIAS (1998 : 54) qu'un même acteur peut simultanément tenir les deux positions.

> « Marier deux positions, interne et externe, conjuguer deux postures, praticien et chercheur, relève d'une position difficile à tenir, mais non impossible et plutôt enrichissante pour une compréhension des problèmes soulevés. (…) l'articulation entre elles doit permettre la naissance d'une pertinence et d'une scientificité plus grandes par le choc de leurs avantages et de leurs limites intrinsèques. »

La simultanéité des positions n'implique pas leur confusion et le défi consiste précisément à créer un espace de réflexion où se mêlent et s'articulent *internalisme* et *externalisme*. Il faut faire en permanence un effort d'équilibrage dialectique entre les deux pôles décrits ci-dessus. Cependant, nous pensons également avec MIAS que cette double caractéristique ne peut s'exercer que pendant des périodes précisément délimitées. Le registre dans lequel l'individu se trouve doit donc se modifier et le modèle de l'engagement doit faire place, pour une période donnée, à celui de la distanciation. La finalité du travail de recherche n'est plus de défendre un point de vue ou d'imposer des valeurs ou une idéologie quelconque. La question est de pouvoir observer rigoureusement, scientifiquement, des faits sociaux, de les analyser sans jugement de valeur, sans idée préconçue car

> « une forte émotivité dans la réaction diminue les chances d'une appréciation réaliste du processus critique... » (ELIAS : 79)

En fait, si la réalité qui intéresse reste la même, la distanciation suppose un regard autre sur cette réalité. Certains parleront d'un regard plus objectif que subjectif ou d'une attitude de rupture avec le sens commun. En réalité, on ne rompt pas… on se distancie. On ne quitte pas le terrain social mais on le regarde d'un autre œil, distancié. Nous rejoignons l'approche de MERLLIÉ pour qui le sociologue est

« toujours dans la situation d'analyser une réalité qui lui présente d'elle-même, sous des formes plus ou moins élaborées, une mise en scène : il doit à la fois s'en distancier, mais pouvoir en rendre compte. Les discours, agis ou parlés, que tiennent les institutions sur elles-mêmes, par l'intermédiaire de leurs agents, ou, sous des formes plus savantes et plus retraduites, par les « experts », les « politiques » ou les statistiques, sont toujours à la fois obstacles et points d'appui, discours concurrents et parties de l'objet à analyser » (MERLLIE, 1989 : 160).

À l'opposé de la situation évoquée ci-dessus du praticien-chercheur tenu à prendre distance, on peut rencontrer la situation inverse à savoir celle du chercheur tenu de pénétrer son objet de recherche ; c'est en particulier le cas d'un étudiant jeune, non encore inséré dans un terrain social quelconque. Il est probable que son niveau de distanciation soit très élevé et son niveau d'engagement très faible. Ce peut également être le cas de l'expert extérieur qui ne serait en aucune façon impliqué dans le terrain qu'il est amené à étudier sur base d'une commande. Cette extériorité procure à la fois une forte distanciation par rapport au terrain, par rapport aux acteurs et aux enjeux mais elle conduit aussi à un faible, peut être trop faible, niveau d'engagement. Ces situations se trouvent à l'extrême opposé de notre propos et ne seront donc pas traitées dans ce livre.

Voyons à présent pour quelle raison nous pensons, à l'inverse d'un courant académique bien représenté, que l'engagement, la participation, la présence, l'ancrage représentent un indéniable atout que le praticien, lorsqu'il se constitue en praticien-chercheur, pourra exploiter très favorablement.

2. L'engagement, un incontestable atout

Considérant le champ de la recherche, DE BRUYNE, HERMAN et DE SCHOUTHEETE, définissent une position radicale et tranchée sur les lieux où une recherche, pour être scientifique, doit être menée et sur les conditions qu'elle suppose (1976 : 24). Nous nous attardons un instant sur cette conception parce qu'elle résume parfaitement le point de vue que nous contesterons implicitement à travers ces chapitres ; prenons le temps de l'examiner.

« Le champ de la recherche est donc le lieu pratique de l'élaboration des objets mêmes de la connaissance scientifique, de leur construction systématique et de la constatation empirique des faits que cette recherche a mis à jour. Il est essentiel de situer toute recherche dans un champ épistémique, le champ proprement scientifique. À cette condition seulement, l'intégralité des exigences méthodologiques sera respectée et l'intégrité des chercheurs protégée des déterminations et contraintes extérieures à la pratique scientifique. Cette position « décentrée » est indispensable à *l'autonomie de la recherche*, c'est-à-dire son exigence interne de développement et d'autocontrôle. Les sciences tentent par là d'échapper à toute exploitation extra-scientifique qui compromettrait les mécanismes mêmes de leur développement. Cela n'empêche nullement — qu'on le déplore ou qu'on l'exige — une exploitation extra-scientifique (philosophique, technologique politique, etc.) des résultats des sciences. Certains types de recherche, dont le but premier n'est pas la connaissance, l'explication, mais la description et la transformation de situations existantes, obéissent à des normes extérieures à la pratique scientifique dont la dominance détruit le principe de l'autonomie de la recherche.

> Les aspects épistémologiques et théoriques sont alors négligés au profit des seules manipulations techniques, à visées directement pragmatiques et parfois thérapeutiques. »

L'intention fondamentale de cette perspective repose sur un « postulat d'autonomie » qui permet « d'arracher l'objet scientifique au vécu, de penser sa spécificité, d'en faire la théorie et la vérification systématique ». Cette intention est certes louable dans l'absolu mais elle repose sur l'idée qu'il existerait un champ quasiment clos, protégé, au dessus de tout soupçon au sein duquel des professionnels pratiqueraient, en toute vertu, cette activité. Par conséquent, si on a l'intention de faire œuvre scientifique, un seul chemin serait possible : se faire adopter par ce champ, l'intégrer et fonctionner selon ses normes. Selon cette manière de poser le problème, c'est la notion même de « praticien-chercheur » qui devrait être bannie du vocabulaire de la recherche puisque toute prétention de nature scientifique serait interdite si elle n'avait lieu dans un de ces endroits privilégiés, éthérés, magiques, réservés à l'exercice de la Science.

À l'inverse de cette position figée et mécaniciste, l'option que nous soutenons ici se veut dynamique : la distanciation est acquise non pas par l'*appartenance* à un monde quel qu'il soit mais par la dynamique d'un *processus* d'acquisition progressive de compétences et de mise en œuvre de procédures. Pour bien comprendre cette dynamique, dressons les grandes lignes de la situation de l'acteur social souhaitant entamer un travail de nature scientifique, une recherche.

Comme nous l'avons déjà évoqué, le praticien-chercheur se trouve dans une position d'*engagement* par rapport à son terrain ; il y est un acteur social parmi d'autres. Il se peut même qu'il exerce une activité professionnelle dans une organisation présente et active dans ce terrain ; il est alors en relation réciproque et intense avec les autres acteurs du terrain, il exprime quotidiennement des opinions, s'inscrit dans une hiérarchie organisationnelle, remplit des tâches et rend compte de ses actions et de sa pratique professionnelle ; dans ce contexte, il poursuit des objectifs personnels particuliers et peut mettre en oeuvre des stratégies individuelles. Dans ce cas, le praticien se situe clairement dans un registre d'action qui possède ses propres normes de fonctionnement et ses critères spécifiques ; ceux-ci sont généralement de l'ordre de l'efficacité, de la rentabilité, de l'efficience, de l'implication, de la motivation, etc.

Autre situation, en tant que militant d'une association, d'un syndicat, d'un parti, d'un mouvement, etc., le praticien inscrit sa réflexion et son action dans une action collective, idéologiquement fondée ; il s'investit dans des combats divers, il partage et construit des valeurs spécifiques qui fondent son action et il tente de convaincre des partenaires, ou des adversaires, de la valeur, de la justesse et de la qualité de ces idées. Il est généralement amené à s'identifier à certains groupes sociaux qui soutiennent celles-ci et par conséquent, à s'opposer à certains autres qui les rejettent. Dans ce cas également, le praticien militant se situe dans le registre de l'action et de l'engagement qui possède lui aussi ses normes de fonctionnement et ses critères spécifiques qui sont de l'ordre du militantisme, de la participation, du dévouement, du courage, de la persévérance, du partage, etc.

La réflexion et l'analyse ne sont évidemment pas exclues de ces situations professionnelles ou militantes mais le plus souvent, elles sont principalement mises au service de l'action afin d'en accroître le rendement, la rentabilité ou l'efficacité, afin de renforcer la notoriété, l'image, la crédibilité du groupement, du mouvement ou de l'organisation. Ce n'est qu'accessoirement que ces réflexions et analyses sont mises au service de la connaissance, disons intrinsèque, d'un champ [2]. Le pôle de l'engagement comporte ainsi une énorme dimension d'investissement c'est-à-dire une dimension de subjectivité, de militance, d'irrationnel parfois, dans les efforts accomplis, dans les buts poursuivis, dans les combats menés. On s'engage réellement, fortement et non pas du bout des lèvres.

Toutefois, cette situation d'engagement, d'implication, cette participation à l'action pour employer un autre terme, est précisément ce qui peut être à l'origine de la richesse, de la force et de l'originalité de nombreuses recherches menées par les praticiens-chercheurs : car c'est bien leur insertion dans un terrain social, par l'intermédiaire de leur activité professionnelle ou par le biais d'un engagement social, culturel, syndical ou de toute autre nature, qui leur fait prendre conscience des véritables enjeux présents dans ce terrain, qui leur fait écouter le pouls des institutions et également, ce qui est essentiel dans la construction même d'un objet de recherche, qui leur fait percevoir des zones d'ombre, des effets pervers, des aspects symboliques dignes d'intérêt bien que souvent cachés au premier regard.

En quelque sorte, l'acteur social est aux premières loges, parfois même dans les coulisses voire sur la scène, pour entrevoir des situations qui mériteront d'être ultérieurement analysées et révélées. C'est précisément parce qu'il travaille depuis cinq ans, dix ans ou davantage dans telle grande institution bancaire qu'il prend conscience de tel changement imperceptible de management ou de telle dégradation progressive des conditions de travail. C'est parce qu'il exerce un mandat politique local et qu'il observe une opposition farouche de la population vis-à-vis de telle mesure fiscale concernant la gestion des déchets que cet autre acteur social s'interroge sur le rejet de diverses pratiques participatives dans telles couches de cette population. C'est parce qu'il est délégué syndical dans une grande entreprise génératrice de pollution que cet autre acteur social émet l'idée de mettre en relation l'action de type syndical et la sensibilité environnementale, et d'en étudier de manière approfondie les différents modes de relation. Son insertion indique donc au praticien-chercheur les zones du terrain social qui gagnent à être mieux connues et investiguées davantage. C'est elle qui lui indique les aspects déjà couverts par de nombreuses études et réflexions de ceux qui, entièrement vierges, restent à découvrir.

L'ancrage de la recherche dans les terrains sociaux peut dès lors constituer un indéniable atout qu'il convient absolument de valoriser [3]. Toutefois, cela ne peut se réaliser qu'à la condition expresse que le praticien-chercheur adopte une attitude épis-

---

2 Dans son remarquable article « Taxinomie de modèles sociologiques d'intervention », MINGUET (2001) propose une classification des modèles théoriques de référence qui fondent les démarches d'intervention ; considérant de nombreuses pratiques professionnelles, il propose les modèles suivants : dynamique, systémique sociotechnique, de développement organisationnel, de contingence structurelle, d'apprentissage organisationnel, systémique politique, identitaire-culturel, actionnaliste, socioanalytique institutionnel et clinique analytique. Ce n'est pas le lieu de développer ces modèles ici mais leur intitulé même indique, nous semble t-il, l'orientation principale de chacun d'entre eux.

3 C'est d'ailleurs cette idée qui nous amène à soutenir les initiatives de formation en sciences sociales, prises tant au sein des universités (par la construction de dispositifs adéquats en formation continuée) que par les pouvoirs publics (par la mise en œuvre de politiques plus ambitieuses notamment en termes de crédit-temps).

témologique spécifique et que soit mis en place un certain nombre d'éléments que nous allons parcourir tout au long des pages qui suivent. L'important est moins le lieu où se déroule l'activité que le processus mis en place.

De toute façon, et même si nous partageons l'absolue nécessité d'un indispensable décentrage, nous nous sentons très éloigné de la conception pure et dure telle qu'exprimée dans la citation reprise ci-dessus et qui n'accorderait à la recherche menée dans des terrains sociaux qu'une visée pragmatique, thérapeutique, descriptive, extra-scientifique, technique. Ce sera toute notre ambition que de démontrer l'inverse.

Dans sa préface à l'édition française du livre de BECKER (1985), *Outsiders. Études de sociologie de la déviance*, CHAPOULIE analyse l'évolution de la sociologie américaine d'après guerre et rejoint le point de vue que nous préconisons ici. La citation est longue mais elle illustre bien le nécessaire rapport, dialectique, entre distanciation et engagement ou, pour reprendre les termes du sociologue américain, de détachement et d'implication.

> «Très tôt, Hughes avait remarqué que le mode de rapport du chercheur de terrain au sujet qu'il étudie (en l'occurrence un métier) détermine étroitement sa capacité à recueillir des données intéressantes. La fécondité de l'usage de l'observation dépend en effet d'abord de l'aptitude du chercheur à entretenir une distance critique à l'égard de ses propres jugements et sentiments ou, comme l'écrit Hughes, de son *émancipation* par rapport à son milieu et à son origine sociale, religieuse ou culturelle. Mais elle dépend aussi également de son aptitude à comprendre en finesse l'univers symbolique des catégories de personnes étudiées : ceci suppose une sensibilité qui ne peut souvent être acquise sans une familiarité prolongée avec cet univers symbolique. C'est pourquoi une bonne partie des meilleures monographies reposant sur du travail de terrain sont le fait de sociologues ayant entretenu avec leur sujet une relation durable et antérieure à leur recherche (l'étude de Becker sur les musiciens de jazz est ici un exemple parmi d'autres) » (BECKER : 19).

3. Praticien réflexif ou praticien-chercheur

Il est important de distinguer la démarche menée par un praticien réflexif de celle conduite par un praticien-chercheur. Le praticien est dit réflexif dans la mesure où il met en place une réflexion sur sa propre pratique et sur son positionnement personnel en tant que praticien. Comme l'écrit SAINT-ARNAUD, il s'agit « d'identifier les erreurs commises et de les corriger dans un processus d'autorégulation. L'objectif est de pouvoir modifier son intention dans le feu de l'action lorsqu'on considère son inefficacité » (2001 : 19).

Pour arriver à ce résultat, poursuit le même auteur, « l'essentiel du travail consiste à établir un lien entre l'intention de l'acteur, les procédés qu'il utilise et l'effet qu'il produit chez son interlocuteur. »

En d'autres termes, l'acteur social place sa pratique et son activité au centre de sa propre observation et cela dans une perspective d'amélioration de celles-ci. Dans cette opération de réflexivité, certains auteurs dont SAINT-ARNAUD distinguent encore deux niveaux : celui de la *réflexion-dans-l'action* (relevant du paradigme de l'expertise, il s'agit d'une autorégulation pendant un processus d'échange) de la *réflexion-sur-l'action* (qui relève du paradigme de l'incertitude et consiste en un retour analytique sur une interaction passée). Mais de toute façon, quel que soit le niveau de la réflexion, l'objectif de l'acteur reste bien l'amélioration de sa propre performance ; cela distingue essentiellement cette activité réflexive de l'activité de recherche que nous étudions dans le cadre de ce livre. Ici en effet, ce n'est pas la pratique de l'acteur en tant que telle qui fait l'objet de la recherche mais, comme nous l'examinerons dans les pages qui suivent, c'est un des aspects du champ qui sera au cœur de l'observation.

Cette distinction entre praticien réflexif et praticien chercheur est décisive à plusieurs égards que nous relèverons au fur et à mesure de notre argumentation, notamment en termes de formation, d'accompagnement et de suivi pédagogiques. On ne va en effet pas encadrer de la même manière un acteur qui se met personnellement en cause et qui recherche les points faibles de sa propre pratique et un acteur qui s'engage dans l'étude scientifique d'un phénomène même si celui-ci a émergé du terrain social au sein duquel l'acteur se trouve. Nous reviendrons ultérieurement sur ces aspects.

4. De l'action vers la recherche

Nous l'avons vu, les critères mis en œuvre dans l'action sont généralement des critères d'efficacité et d'efficience, individuelle ou collective, par rapport à des normes que l'on accepte, que l'on partage et que l'on tente souvent de faire partager par d'autres. La perspective est normative et souvent prescriptive. Dans la vie quotidienne, cette orientation implique généralement une motivation personnelle élevée dans le chef de l'acteur, voire une adhésion idéologique à un projet collectif. Cela implique de la part de l'acteur une capacité et une volonté d'engagement sur des valeurs et la participation à des activités concrètes qui en découlent. Corollairement, et ceci dit sans nier le fait que la réflexion soit intense dans le modèle de l'action (voir la notion de praticien réflexif exposée ci-dessus), l'acteur social se trouve davantage dans une attitude de certitude et d'affirmation de ses principes d'action que dans une position de doute, de remise en cause ou d'hésitation sur les notions à utiliser et sur les causes des situations.

Les critères pour mener une recherche de nature scientifique sont tout différents car la valeur centrale y est davantage le doute que la certitude. La rigueur du processus, de la méthode est l'un des éléments essentiels de la démarche scientifique et la perspective est ici plus explicative et compréhensive. L'objectif n'est plus de faire partager un point de vue par d'autres, mais de comprendre l'origine d'un phénomène ou de saisir et décrire au mieux la modalité de fonctionnement d'un système ; il s'agira de repérer les liens qui existent entre différents éléments et de caractériser le plus précisément possible la nature de ces liens : explication causale, fonctionnelle, systémique, dialectique [4]. La falsifiabilité est aussi un élément constitutif de ce modèle qui signifie que le chercheur a le droit sinon le devoir de tenter de falsifier les acquis de recherches antérieures ; il sait aussi, par définition, que ses découvertes seront ultérieurement mises en question et réfutées par d'autres [5]. Les aptitudes à mobiliser dans ce type de

4 Voir à ce propos l'article de FRANCK (1994) « Les explications causale, fonctionnelle, systémique, et dialectique sont-elles complémentaires ? » in *Faut-il chercher aux causes une raison ? L'explication causale dans les sciences humaines.*

5 Certaines des notions propres à la démarche scientifique seront développées dans des parties ultérieures du texte, telles que empathie, expérimentation, falsifiabilité.

démarche sont alors d'un autre ordre : capacité de prise de recul par rapport à l'action, écoute de témoins, capacité de réaliser des opérations inductives ou interprétatives, regard constamment critique sur ses sources, sur le matériau récolté, acceptation du caractère falsifiable d'acquis, etc.

On voit aisément les caractéristiques des deux modèles et, comme l'écrit joliment ARON dans sa préface au livre de WEBER, *Le savant et le politique*, « la vocation de la science est inconditionnellement la vérité. Le métier du politicien ne tolère pas toujours qu'on la dise » (WEBER, 1963 : 37).

Avant de parcourir dans la suite de ces pages les aptitudes particulières du chercheur, nous ferons ici référence à une première illustration concrète et vécue par l'auteur de ces lignes qui décrit brièvement une situation au cours de laquelle les deux modes de pensée que nous venons d'examiner se sont trouvés confondus pour conduire, en quelque sorte, à une situation de crise ayant d'ailleurs entraîné une indéniable souffrance pour l'acteur social coincé entre eux.

Situation 1

Illustration d'une tension

Une praticienne-chercheuse, animatrice pédagogique et elle-même en formation est chargée d'animer des rencontres d'enseignants relatives à diverses procédures pédagogiques nouvelles (différenciation). Voulant profiter de cette expérience particulièrement dense (formation de groupes à plusieurs reprises), elle décide de réaliser une recherche en sciences de l'éducation à partir de cette pratique. Elle se trouve donc simultanément actrice (c'est elle qui organise et donne la formation) et chercheuse (elle veut faire une recherche scientifique sur cette expérience).

C'est le cas parfait de l'observé-observant. La confusion parfaite entre les rôles d'acteur et de chercheur, entre les deux modèles évoqués précédemment, celui de l'engagement (en tant que formatrice) celui de la distanciation (en tant que chercheuse). Poursuivons : l'expérience ne se déroule pas exactement comme prévu car des enseignants contestent le programme. La formatrice elle-même est contestée et mise en cause. Les journées de formation se déroulent donc de manière de plus en plus tendue. Mais le contenu — formation, réponses, débats, interpellations, rires, sourires — est enregistré et doit servir de matériau de base au travail de recherche.

On imagine aisément que les tensions apparaissent et qu'il devient de plus en plus malaisé, de plus en plus pénible d'exercer les deux fonctions d'animateur et de chercheur et d'être de la sorte l'observateur scientifique de sa propre pratique. Écouter les enregistrements de ces séances et analyser froidement ses propres réactions engendrent de la souffrance. D'ailleurs, lors d'un séminaire de méthodologie au cours duquel les diverses recherches sont passées en revue, la tension est si vive qu'elle conduit à une émouvante crise de larmes indiquant que la tension entre les deux modèles ci-dessus n'est pas qu'une question théorique et abstraite mais qu'elle a des répercussions psychologiques et émotionnelles très fortes.

Pour le praticien-chercheur, être conscient des différents aspects que nous venons d'esquisser ci-dessus sera une attitude d'autant plus utile qu'il reste membre à part entière d'une organisation en étant d'ailleurs souvent financé par celle-ci. Il est donc essentiel, lorsque son organisation, ou lui-même individuellement, décide d'entamer une recherche à caractère scientifique, d'adopter les critères d'une telle démarche, ce qui implique qu'un effort de distanciation soit opéré. Pour que cet effort aboutisse, il convient de mobiliser des compétences spécifiques et d'adopter une disposition intellectuelle particulière en rejoignant FRIEDBERG pour qui le plus important est

« ... la qualité de la connaissance produite qui elle-même est fonction du soin avec lequel cette production aura été organisée et réalisée [6] » (2001 : 129).

Ce sont ces compétences et ces dispositions mentales que nous présentons dans les lignes qui suivent.

6 Dans son article « Faire son métier de sociologue, surtout dans l'intervention », FRIEDBERG considère moins le praticien-chercheur, comme nous le faisons dans ce livre, que le sociologue intervenant dans un terrain social ; toutefois son raisonnement est également applicable dans le cas du praticien chercheur lorsqu'il écrit qu'il « n'a pas moins besoin de scientificité sous prétexte qu'il s'agit d'une recherche « appliquée », qu'il ne s'adresse pas à ses « chers collègues », mais aux seuls acteurs du système analysé...Tout au contraire ! Il a besoin de toute la scientificité (au sens de rigueur scientifique ou de respect d'une procédure rigoureuse de recherche) qu'il peut mobiliser, car c'est elle qui lui permet de maintenir son extériorité, c'est-à-dire son autonomie scientifique et intellectuelle dont dépend finalement sa capacité à apporter aux acteurs une vision à la fois globale et décalée, similaire et différente de leurs pratiques... » (2001 : 129).

CHAPITRE 2

LES COMPÉTENCES SPÉCIFIQUES DU CHERCHEUR

« On pourrait dire que l'effort des scientifiques vise à mettre en accord, à travers une confrontation critique ininterrompue, un capital toujours croissant de théories ou de modèles avec un capital non moins croissant d'observations particulières. »

(ELIAS)

1. Nos référents : la compétence et la vertu

Dans bon nombre de livres de méthode, les auteurs indiquent l'idéal à atteindre dans les différentes phases d'une recherche, c'est-à-dire, en d'autres mots, ils exposent les contenus en tant qu'objets de savoir.

Dans ce chapitre, nous voulons résolument adopter une autre démarche qui consiste à repérer et à présenter le plus concrètement possible les aptitudes à mobiliser et les capacités nécessaires pour réaliser ces travaux et ces opérations ; nous traiterons donc des différents moments de la recherche scientifique en termes de compétences à mettre en œuvre pour mener à bien ces diverses tâches.

Nous poursuivrons ensuite dans la voie de l'acquisition de savoir-faire et de savoir-être et nous réfléchirons de la sorte sur les modalités optimales d'apprentissage de ces compétences.

Voyons à présent quelques éléments théoriques élémentaires propres à préciser des notions auxquelles nous nous référerons et notamment les notions de compétence et de… vertu.

1.1 Un ensemble intégré de ressources

Ainsi que la définit PERRENOUD [1], une compétence est une capacité d'action efficace face à une famille de situations, qu'on arrive à maîtriser parce qu'on dispose à la fois des connaissances nécessaires et de la capacité de les mobiliser à bon escient, en temps opportun, pour identifier et résoudre le problème. Une compétence est une capacité stratégique, indispensable dans les situations complexes et qui ne se réduit pas à des connaissances procédurales codifiées et apprises comme des règles. Ceci est confirmé par Le BOTERF (1995) et ROEGIERS (2001). Pour le premier, une compétence est un savoir-agir, c'est-à-dire un savoir mobiliser et transférer un ensemble de ressources (connaissances, savoirs, aptitudes, raisonnements, etc.) dans un contexte donné pour faire face aux différents problèmes rencontrés ou pour réaliser une tâche. Pour le second,

> « la compétence est la possibilité, pour un individu, de mobiliser de manière intériorisée un ensemble intégré de ressources en vue de résoudre une famille de situations-problèmes » (2001 : 66).

ROEGIERS insiste sur le caractère *intégré* de la notion de compétence en ce qu'elle renvoie à diverses capacités qui, combinées, permettent d'appréhender une situation de la manière la plus spontanée qui soit et de répondre le plus pertinemment possible à cette situation.

Or, mener à bien une recherche scientifique est une situation éminemment complexe, on en conviendra. Dans un premier temps, il s'agit de construire un objet de recherche à partir d'une question souvent vague ou à partir d'interpellations issues du terrain social. Dans un second temps, il conviendra de mettre en place un dispositif adéquat d'observation empirique de la réalité sociale. Mener à bien de telles opérations nécessite des compétences spécifiques. Dans le cas d'adultes en formation ou de praticiens-chercheurs insérés dans un terrain social, la pratique montre à souhait que l'effort à réaliser — pour reprendre le concept présenté ci-dessus, la compétence à acquérir — consiste le plus souvent à se détacher du pôle de l'engagement pour se diriger vers celui de la distanciation. Cela signifie qu'il est indispensable de passer du modèle et des critères de l'action pour s'orienter vers le modèle et les critères de la recherche. Quelles sont donc les compétences à mobiliser pour effectuer cette transition, voilà bien la question fondamentale à laquelle nous tenterons d'apporter quelques réponses.

1.2 L'apport du philosophe : la vertu

Dans cette réflexion sur les compétences, nous nous appuierons également sur une approche qui nous semble être bien utile dans le positionnement personnel que le chercheur tente d'adopter à différents moments du processus : il s'agit d'un regard de type philosophique que nous jetterons avec beaucoup de modestie n'étant pas nous-mêmes philosophe. Toutefois, nous prendrons ce risque en nous inspirant plus particulièrement du *Petit traité des grandes vertus* dans lequel A. COMTE-SPONVILLE passe en

1 « Construire des compétences, tout un programme ! » Entrevue avec PERRENOUD ; propos recueillis par BROSSARD, *Vie pédagogique*, n° 112, septembre-octobre, 1999 : 16.

revue dix-huit vertus[2] qui lui semblent fondamentales, depuis la fidélité jusqu'à la bonne foi en passant par le courage, la générosité, la tolérance, l'humilité, la gratitude, etc. Nous tenterons de voir comment certaines de ces vertus peuvent être mobilisées à certains moments spécifiques d'un processus de recherche. Parmi celles-ci, nous ne reprendrons bien sûr que celles qui nous semblent éclairantes pour notre propos et nous n'hésiterons d'ailleurs pas à en ajouter l'une ou l'autre de notre cru.

Dans la tradition philosophique, la vertu est une manière d'être : en cela elle rejoint les définitions que nous donnent les pédagogues d'une compétence, mise à part l'idée que la vertu n'est pas nécessairement mise en œuvre en vue de résoudre une famille de situations problèmes. Toutefois, faire preuve de certaines vertus aidera assurément à remplir certaines tâches dont nous allons nous entretenir plus avant ; nous repérerons quelles sont les principales vertus dont il convient de faire preuve dans l'acquisition des compétences propres à la recherche scientifique en sciences humaines.

2. Contenus et compétences

Nous avons précédemment indiqué dans les grandes lignes (ALBARELLO, 1999) quelles sont les étapes à parcourir pour effectuer la nécessaire transition entre les deux modèles. Pour nous, le début du processus peut exactement être dénommé « construction de l'objet de recherche ». La construction de l'objet de recherche consiste dans les phases d'identification du phénomène à étudier, de contextualisation de celui-ci dans un champ d'étude, de l'option prise pour un angle d'attaque disciplinaire et de la maîtrise d'un appareil conceptuel (cadre théorique) adéquat, du choix de l'objectif opérationnel de recherche et enfin de confection et d'explicitation d'une hypothèse. Viennent ensuite les phases d'observation empirique de la réalité et d'interprétation des données recueillies.

Dans le présent chapitre, nous nous situons au niveau du premier volet du processus, à savoir la construction de l'objet de recherche sans développer la dimension méthodologique de la recherche. La question qui nous intéresse particulièrement est celle qui se pose dans le premier temps de la recherche et qui peut se formuler comme suit : *« Comment passer d'un terrain social, dans lequel je suis acteur, au champ d'étude par rapport auquel je suis chercheur ? »*. Nous tentons de répondre à cette question en abordant tout d'abord une nécessité d'ordre épistémologique (la capacité d'une prise de recul) ; nous abordons ensuite quelques aspects concrets et matériels (inscription institutionnelle et phasage dans le temps) puis nous introduisons deux concepts dont l'expérience pratique montre à souhait qu'ils sont décisifs dans le processus de construction de l'objet : le concept fondamental de « champ » (à distinguer de la notion de « terrain ») et celui de « phénomène » (à distinguer de la notion de « fait »). En résumé, les savoir-faire que nous décrivons et analysons sont les suivants :

2 Cette notion est ici employée sans aucune connotation morale, bien entendu. Nous l'acceptons dans son sens le plus élémentaire qui désigne la disposition à une certaine action ou « une certaine puissance naturelle, ou un pouvoir psychologique, physique ou institutionnel, immanent à l'individu ou même attribué par un tiers : il est question d'une *excellence* de la chose par rapport à l'effet qu'elle peut causer » (DEPRE : 54).

1. Prendre du recul par rapport à son objet.
2. Inscrire sa recherche dans un contexte institutionnel et temporel.
3. Faire émerger le phénomène qui sera au centre de la recherche.
4. Circonscrire son champ d'étude.
5. Adopter un angle disciplinaire prioritaire.
6. Limiter son objectif spécifique.
7. Identifier un cadre théorique.
8. Intégrer les éléments du cadre théorique dans l'hypothèse.
9. Définir son hypothèse de recherche.

Nous illustrerons notre propos par l'insertion d'exemples issus soit de notre propre pratique de chercheur, soit d'une réflexion particulièrement significative de praticiens-chercheurs. Deux illustrations en particulier occupent une place centrale dans ce livre : la première nous est fournie par Claude GILLARD, lui-même enseignant et licencié en sciences de l'éducation. Il fournit un regard de type méta-cognitif sur son propre mémoire de Licence (réalisé en formation universitaire d'adultes à la FOPA, Faculté des sciences de l'éducation de l'Université Catholique de Louvain).

La seconde illustration est issue de la pratique d'un acteur social également confronté à la réalisation d'une recherche scientifique et ce, dans le cadre de son activité professionnelle. Il s'agit de Danielle MOURAUX, sociologue de formation et chargée d'étude dans un mouvement familial francophone. Elle s'est penchée durant quelques années sur la problématique du coût scolaire en Communauté française de Belgique. Nous verrons avec elle, très concrètement, la genèse d'une recherche (le niveau engagement dans un terrain social), la mise en place d'un dispositif de recherche (le niveau distanciation) et ensuite, la manière dont le terrain social s'approprie les résultats de pareille étude (le niveau de l'appropriation). Ces deux illustrations majeures [3] nous permettront notamment de voir à quel point la maîtrise active et dynamique du concept de *phénomène* a permis d'engager correctement un processus de recherche.

Nous passerons ainsi en revue les neuf aspects annoncés ci-dessus [4]. Pour chacun de ces objets de savoir, après avoir fourni un éclairage théorique *(« Situation »)*, nous présentons les éléments issus des illustrations et qui se rapportent à cet aspect particulier *(« Illustration »)* ; enfin, dans une rubrique que nous intitulons *« Savoir-faire et savoir-être »*, nous indiquons ce qui nous semble être la principale vertu requise, c'est-à-dire cette disposition d'esprit, cette manière d'être, acquise et durable, nécessaire à la mise en œuvre de la compétence étudiée.

D'autre part, afin de nous appuyer sur quelques données empiriques reflétant le vécu des praticiens qui effectuent un cheminement de distanciation, nous avons interrogé une trentaine d'acteurs sociaux au terme d'une formation en Sciences de l'Éduca-

3 Pour ces deux illustrations majeures, il s'est agi d'une réelle collaboration à l'ouvrage : les deux chercheurs, informés du projet de livre ont pu contribuer à la structure de l'ensemble du document, et ont accepté de suivre le fil conducteur proposé par ALBARELLO ; ils ont alors effectué un travail de rédaction à partir d'une introspection personnelle sur leur propre recherche.

4 Bien que, dans nos écrits, nous raisonnions en termes d'étapes (ce qui suggère une idée de linéarité), nous sommes conscients que la pratique de la recherche est davantage circulaire et dialectique, chaque élément pouvant influencer les autres.

tion (FOPA) et en Politiques Économique et Sociale (FOPES). Les deux groupes avaient parcouru, sur une période assez longue (plusieurs mois) un cheminement, explicitement travaillé, en partant d'une interpellation d'un terrain librement choisi vers une activité de recherche. Dans la plupart des cas, le terrain choisi n'était pas le propre terrain d'action des praticiens-chercheurs. Nous nous trouvons donc dans une situation d'apprentissage du type de celle décrite dans notre chapitre IV, en particulier dans une situation « non menaçante ». Ce contexte a certainement influencé les réponses obtenues [5] que nous présenterons à différents endroits de notre texte à titre de témoignages.

La question que nous avions posée était formulée comme suit : *« Dans le processus de distanciation que vous venez d'effectuer dans le cadre de cet exercice et de ce cours (passage d'une posture d'acteur à une posture de chercheur) quel est l'aspect (cognitif ou social ou personnel ou relationnel ou professionnel ou de tout autre nature) que vous retiendrez principalement ? »*

Voyons à présent ce qui nous semble être la première vertu du chercheur à savoir cette curieuse habileté à pouvoir prendre un certain recul sur les faits qu'il voit et qu'il côtoie.

2.1 Prendre du recul par rapport à son objet

> « L'aspect primordial fut le dépassement du sens commun. J'ai appris à entendre ce qui n'est pas dit, à voir ce qui n'est pas vu grâce aux référents théoriques s'étoffant continuellement et grâce à une démarche scientifique que je ne voyais pas si rigoureuse » (Un praticien-chercheur).

2.1.1 *Définition*

Par la notion de prise de recul, nous entendons la capacité d'adopter et de conserver une certaine distance émotionnelle et psychologique par rapport à l'objet de recherche. Cela signifie que le praticien-chercheur se trouve dans une situation telle qu'il a le sentiment de pouvoir mener sa recherche en toute liberté intellectuelle par rapport à ses collègues par exemple ou par rapport à sa hiérarchie et ce, dans un état d'esprit empreint de sérénité et de réflexivité. Il doit bien sûr se sentir intéressé par son futur objet tout en conservant une possibilité d'être critique, une capacité de mise en cause, d'écoute empathique des acteurs qu'il sera amené à rencontrer.

Il se peut que le praticien se trouve impliqué à un point tel dans une situation donnée qu'il éprouve la plus grande difficulté à adopter l'attitude de recul et la distance critique indispensables à l'activité de recherche. Cette implication excessivement forte, qui provient d'une immersion du praticien dans son organisation ou d'une prise de position idéologique particulièrement intense, risque d'empêcher ou d'handicaper la démarche scientifique à venir. Glissons ici un témoignage.

> « Nous avions dans un premier temps été fortement influencées par la situation de harcèlement vécue par un membre de notre groupe et cela avait orienté notre réflexion. Cette

5 Les réponses furent individualisées et, comme nous espérions une formalisation synthétique, il y fut répondu par écrit.

influence a eu des répercussions sur le choix de notre objet de recherche, de notre hypothèse et des méthodes. Il nous a fallu beaucoup de temps pour nous approprier les outils mis à notre disposition ; cette appropriation s'est réalisée parallèlement à notre prise de recul. L'un a entraîné l'autre et inversement. Sur la longueur la difficulté réside dans le fait de garder cette attitude scientifique » (Un praticien-chercheur).

2.1.2 *Illustration*

L'illustration que nous présentons à présent est plutôt un contre-exemple car elle relate une situation peu propice à la recherche scientifique en montrant comment certains acteurs vont jusqu'à refuser de parcourir ce chemin de la distanciation.

L'auteur de ces lignes a eu l'occasion d'animer durant une semaine un séminaire international concernant la problématique de la violence faite aux femmes. Il lui était demandé d'animer un groupe d'actrices sociales membres de mouvements et d'organisations confrontés, directement ou indirectement, à des situations de violence faite aux femmes, particulièrement en milieu précarisé, dans divers pays européens.

L'objectif du séminaire consistait à produire, à partir des expériences concrètes des participantes au séminaire, des outils de prévention à diffuser ultérieurement auprès d'associations d'éducation permanente. Lorsqu'en début de travail, dans une perspective de connaissance scientifique, nous avons suggéré d'identifier le plus rigoureusement possible les causes et les facteurs aboutissant à des situations de violence intrafamiliale pour, à partir de ces facteurs identifiés, pouvoir envisager des attitudes et des pratiques de prévention, c'est à un refus explicite, collectif autant que catégorique que nous nous sommes heurté.

L'argument en était que la pratique quotidienne des participantes, confrontées la plupart du temps à de douloureuses situations de crise, amenait celles-ci à identifier une cause essentielle à la violence, à savoir la relation inégalitaire entre l'homme et la femme au sein de la famille. Inutile donc, pour les participantes au séminaire, de chercher d'autres facteurs que celui-là. Adopter ce postulat était en quelque sorte un geste politique posé au départ de la réflexion dans le cadre de ce séminaire. Ne pas adopter ce postulat eût été pour elles une sorte de recul, de marche en arrière par rapport à leurs convictions.

Cela était bien sûr le droit le plus légitime de ces participantes et nous ne le contestons pas mais, du point de vue qui nous occupe dans ce livre, en se centrant sur un facteur et en le décrétant d'emblée cause unique, l'acteur refusait de devenir chercheur.

2.1.3 *Savoir-faire et savoir-être : la lucidité*

Être lucide sur soi-même, sur ses propres insertions organisationnelles, idéologiques, relationnelles, émotionnelles constitue la base même de ce premier savoir-être. Le praticien-chercheur doit en effet pouvoir répondre positivement à la question suivante : *« Suis-je dans des conditions matérielles, organisationnelles, psychologiques telles que je pourrai mener cette recherche dans une suffisante liberté de pensée et sans que cette recherche ne représente pour moi une trop grande souffrance émotive ? »*

Si certains doutes existent ou subsistent, il convient d'échanger sur ces doutes. Échanger avec des collègues, avec d'autres praticiens, avec la direction de son organisation, avec des personnes ressources diverses, avec des membres d'une commission d'accompagnement, sans abandonner trop rapidement son projet. Même si on pressent quelques difficultés, il faut pouvoir les évaluer, sans les sous-estimer mais non plus sans les surestimer.

2.2 Inscrire sa recherche dans un contexte organisationnel et temporel

Avant de se mettre à l'œuvre, il est nécessaire de clarifier le contexte au sein duquel la recherche va être réalisée ; en termes de positionnement institutionnel et de moyens, d'une part ; en termes de phasage dans le temps, d'autre part.

2.2.1 *Contexte organisationnel*

Toute organisation — syndicat, pouvoir public, entreprise, association — qui souhaite entamer un processus de recherche doit tout d'abord le *décider* clairement. Cela signifie que l'organe de direction ou de gestion compétent doit adopter une position précise à ce propos et expliciter cette volonté de la manière qui convient de sorte que toutes les personnes concernées soient informées qu'une recherche est enclenchée et qu'elle est confiée à tel service et, au sein de ce service, à telle personne en particulier. Il y a donc *mandat* et les termes de celui-ci doivent être connus de tous les membres concernés au sein de l'organisation. Il faut éviter des pratiques ambiguës et des attitudes de secret ou de flou sur une telle situation sous peine de créer ultérieurement bon nombre de tensions et de malentendus dommageables. Le praticien doit en quelque sorte être investi par l'organisation d'une mission spécifique. Il lui revient alors d'examiner, individuellement et collectivement, s'il peut mener cette mission de front avec d'autres tâches ou si ce travail l'occupera totalement.

Si les contrats doivent être clairs au sein de l'organisation, c'est-à-dire « en interne », ils doivent également l'être par rapport à d'éventuels partenaires. Et les choses ne sont pas toujours aisées de ce point de vue. Dans certaines situations, le commanditaire de l'étude n'est autre que l'initiateur du dispositif que l'on demande d'évaluer. Comme telle Association sans but lucratif chargée d'évaluer l'efficacité d'un pouvoir public alors que ce même pouvoir public subventionne cette A.S.B.L. par ailleurs. Ces situations se rencontrent fréquemment et sous peine de schizophrénie prononcée, notre chercheur court le risque de se voir écartelé entre sa soif de connaissance éventuellement critique et son souhait de voir le subside reconduit.

Bref, si des recherches ne sont pas impossibles à réaliser dans de tels contextes, elles exigent toutefois de prendre conscience des risques encourus avec cette question simple : *« le praticien-chercheur pourra-t-il mener sa recherche en toute liberté intellectuelle ? »* La réponse positive à cette question est bien sûr le préalable fondamental avant de se lancer dans la démarche. Appel est donc lancé ici à la lucidité des praticiens-chercheurs (et à la déontologie de leurs directions et de leurs donneurs d'ordre).

Toute recherche implique des coûts et suppose des moyens ; le meilleur conseil que nous puissions prodiguer au futur praticien-chercheur est de se faire l'idée la plus précise possible des moyens qui lui seront nécessaires pour mener sa recherche à terme dans de bonnes conditions : pourra-t-il s'appuyer sur l'administration et le secrétariat du service auquel il appartient ? Pourra-t-il faire appel, en temps voulu, à un réseau d'enquêteurs pour la récolte de ses données ? Aura-t-il la possibilité d'acheter les livres et se procurer les documents nécessaires qui lui permettront de construire un cadre théorique solide ? Des moyens seront-ils réservés à une publication finale des résultats ? Est-il assuré du soutien de sa ligne hiérarchique ? etc. Plus ces différents aspects seront réfléchis et connus *a priori*, moins de désagréables surprises apparaîtront en cours de route. Dans cette perspective, une forme de soutien explicite peut être envisagée par la mise en place d'un Comité d'accompagnement qui permettra non seulement de donner au travail une dimension collective intellectuellement utile (nous traiterons cet aspect plus avant), mais également de reconnaître officiellement et de légitimer l'ensemble du processus.

La négociation et l'accord sur ces aspects concrets fixent un cadre au sein duquel la recherche existe organisationnellement ; elle est reconnue en tant que recherche et celui qui la mène est aussi reconnu dans cette tâche dont il aura à rendre compte au terme du processus. Les responsabilités de l'une (l'organisation) et de l'autre (le chercheur) sont définies, connues et légitimes.

La réalité est parfois complexe, en particulier lorsque les chercheurs sont confrontés aux interventions des membres de leur hiérarchie et ce, aux différents moments des recherches en cours. Dès lors, la question de savoir « comment organiser le *process* avec sa hiérarchie » devient une tâche de tous les instants. En d'autres termes, il faut tenir compte des souhaits collectifs de l'organisation notamment ceux qui peuvent être transmis au praticien-chercheur par des organes de direction mais il faut pouvoir, à tout prix, maintenir une capacité d'autonomie qui laisse au praticien-chercheur une entière mainmise intellectuelle sur son travail et un pouvoir de décision entier. Si tel n'est pas le cas, si les pressions de la direction sur le praticien-chercheur sont ininterrompues et ses injonctions continues, nous devons malheureusement considérer que nous ne nous trouvons plus dans le cadre de la recherche scientifique qui fait l'objet de ce livre. Nous aboutissons au même constat négatif lorsqu'on a affaire à ce que nous pouvons dénommer une « recherche prétexte » ; elle n'a pour objectif que de fournir un alibi à un acteur décisionnel quelconque en vue de légitimer une option stratégique donnée. Dans ces cas, la recherche ne s'inscrit ni dans une perspective de découverte scientifique, ni dans une démarche de liberté et de rigueur méthodologique qui sont des préalables au modèle de la recherche. Au contraire, l'acteur connaît au départ de l'étude quel type de résultats il veut atteindre (justifier telle option) et il tente de couvrir sa stratégie derrière une sorte de paravent scientifique. Dans ces différentes situations, le praticien-chercheur se doit de faire preuve de lucidité et ne peut s'engager que lorsque les craintes qu'il aurait sont entièrement levées quant au caractère scientifique de la démarche et quant à la légitimité de son travail dans le jeu d'acteurs au sein duquel il fonctionne.

La situation est différente et plus aisée de ce point de vue dans le cas des praticiens en formation qui sont amenés à réaliser une recherche, en particulier dans le cadre des mémoires et travaux de fin d'étude. Le choix de l'objet de recherche leur revient exclusivement mais comme le mémoire est souvent relatif à une organisation spécifique, il leur faut également établir explicitement le type de relation qu'ils comptent entretenir avec cette organisation.

2.2.2 *Phasage temporel*

Le phasage de la recherche dans le temps, c'est-à-dire l'établissement d'un calendrier circonstancié doit également faire l'objet d'une négociation et d'un accord préalables. Toute recherche s'inscrit dans le temps ; elle a un début et une fin. Cette durée doit être évaluée *a priori* et au plus juste ; autant de temps est nécessaire pour la construction précise de l'objet de recherche (objectif explicité, cadrage théorique, hypothèses), autant de temps pour la récolte des données, autant pour les traitements, les interprétations et analyses ainsi que pour la rédaction du rapport de synthèse.

2.2.3 *Savoir-faire et savoir-être : la prudence*

La tradition philosophique nous parle ici de « prudence » qui avec le courage, la tempérance et la justice est l'une des quatre vertus cardinales de l'Antiquité. Comme le dit le philosophe, aucune vertu ne saurait s'en passer et elle est bien plus que le simple évitement de dangers. C'est ce qu'on appellerait à présent le principe de réalité voire de faisabilité. Pour COMTE-SPONVILLE, la prudence détermine ce qu'il faut choisir et ce qu'il faut éviter et est donc une vertu prévisionnelle et anticipatrice. Être prudent, c'est prévoir. C'est s'inscrire dans le temps, dans la durée et choisir les moyens adéquats qui permettront d'atteindre son objectif. La prudence sépare l'action (réfléchie, programmée, pensée) de l'impulsion (irréfléchie, passionnée).

On comprend aisément que pareille vertu est utile et constitue une condition indispensable à la mise en œuvre d'une recherche qui s'inscrit dans la durée et nécessite des énergies importantes ; cette capacité de planifier et d'anticiper est dès lors un savoir-être que le praticien-chercheur gagne à développer.

2.3 FAIRE ÉMERGER LE PHÉNOMÈNE QUI SERA AU CENTRE DE LA RECHERCHE

2.3.1 *Définition*

La réflexion en termes de phénomène aide le praticien-chercheur dans sa démarche de distanciation. Précisons quelque peu cette notion de phénomène qui se distingue de celle de fait (LALANDE : 766). Le fait est concret, perceptible, immédiat. Le phénomène est, quant à lui, un produit conceptuel de l'activité mentale, il est objectivé et inséparable de l'abstraction. Premier exemple très simple : une personne perd son emploi, c'est un fait. Cette même personne abandonne son logement pour un logement moins salubre, c'est un autre fait. Derrière ces multiples faits de la vie d'un individu, le processus qui est en cours ou plus exactement le processus que le chercheur peut y déceler, est celui de la « précarisation sociale ». C'est un phénomène.

Prenons un autre exemple. Celui d'adultes entrant en formation. Chaque entrée en formation est bien un fait concret. En effectuant cette démarche, chacun de ces adultes poursuit un objectif particulier, spécifique, personnel. Chacun de ces objectifs individuels peut aussi être considéré comme un fait. Mais si l'on considère ces faits dans leur ensemble et qu'on les regarde sous un certain angle, apparaît alors un phénomène et, dans notre exemple, la « motivation des adultes à entrer en formation » est un phénomène.

Un troisième exemple. Un directeur d'école émet une directive à destination des enseignants de son école. C'est un acte, une pratique. Il s'agit bien d'un fait concret. Certains enseignants contestent ces directives. Ce sont des attitudes. Ce sont d'autres faits. Mais le « leadership dans les établissements scolaires », c'est un phénomène. La contestation du pouvoir en est un autre [6].

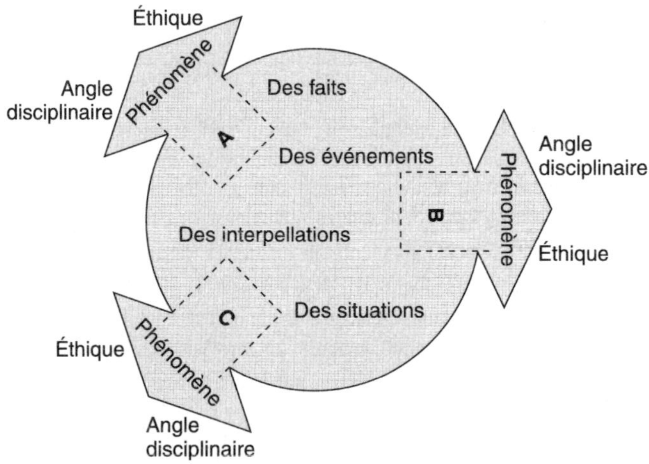

Pour faire le lien avec les raisonnements précédents concernant le terrain et le champ, on peut considérer que les faits se rapportent au terrain social alors que les phénomènes renvoient au champ d'étude. Le plus souvent, l'acteur social travaille au niveau des faits alors que le praticien-chercheur raisonne en termes de phénomènes [7].

On trouve aussi cette opposition entre fait et phénomène dans l'approche sociologique des organisations (AMBLARD, BERNOUX, HERREROS, LIVIAN) pour laquelle le fait « ne dit rien en lui-même, sur lui-même et ne présente aucune qualité intrinsèque lui permettant d'exister en tant que fait ». La théorie du changement rejoint notre réflexion générale lorsque ces auteurs écrivent que toute forme de changement ne peut se comprendre, dans sa réussite ou son échec, à partir de ses propriétés propres ; et, écrivent-ils,

> « un fait lorsqu'il est créé devient une boite noire qui ne donne rien à voir d'elle même. Pour l'analyser, il convient soit de le suivre en train de se faire, soit de l'ouvrir et de reprendre les controverses qui l'ont précédé ; ce sont elles qui portent le sens et le contenu du fait » (1196 : 137).

Nous partageons cette image du fait — boite noire qui ne peut être qu'un premier point de départ d'une réflexion (disons plutôt la première manifestation d'un intérêt pour un aspect de la réalité sociale) mais qui doit être ouverte au plus vite afin de pouvoir passer à un état de réflexion, épistémologiquement différent.

L'ensemble du processus que nous venons d'esquisser et qui consiste à réaliser un effort de construction, en passant de faits observables sur un terrain social quelcon-

6 Citons encore DWELSHAUVERS, dans LALANDE (p. 766) : *« Un fait psychologique aussi sera appelé phénomène si je l'envisage, non en rapport avec l'activité intégrale du sujet, mais détaché de celle-ci, en rapport avec des phénomènes de même nature unis par une loi… »*

7 Plus tard dans la recherche, c'est-à-dire dans la phase d'observation, les faits seront à nouveau sollicités puisqu'il s'agira de les récolter et de les analyser pour tester les hypothèses ; les faits sont alors recherchés en tant qu'indicateurs des phénomènes.

que vers une identification de plus en plus précise d'un phénomène, permet également de s'éloigner des notions fréquemment utilisées, mais qui sont pourtant bien dangereuses, de « problème social » ou de « question de terrain », problèmes ou questions qui naîtraient naturellement et spontanément du terrain et qui pourraient immédiatement être traitées scientifiquement. Des questions telles que *« Pourquoi mon organisation ne recrute t-elle pas plus de nouveaux membres ? », « Pourquoi les enseignants ne sont-ils pas plus motivés ? »* ou *« Comment améliorer les relations entre les familles et les écoles ? »* ou encore *« Quelles actions les pouvoirs locaux réalisent-ils en termes d'accueil des jeunes enfants ? »* ou *« Est-il bon que des élèves redoublent ? », « Quelle est l'identité des travailleurs sociaux ? », « Comment développer la créativité de fonctionnaires ? », « Comment les éducateurs vivent-ils un conflit ? »*, etc. sont toutes des questions légitimes au niveau des terrains sociaux. Les acteurs se les posent, elles font l'objet de discussions, de débats, d'échanges entre ces acteurs. Elles sont légitimes, importantes, stratégiques. Pourtant, des questions telles que celles-là, aussi décisives soient elles, ne constituent pas des objectifs de recherche scientifiques. Pour quelles raisons ? Parce qu'elles sont d'une autre nature, elles poursuivent une autre finalité et ont un autre sens. Des auteurs comme LENOIR et MERLLIÉ (1989) expliquent comment des catégories sémantiques fréquemment utilisées dans les terrains sociaux sont elles-mêmes socialement produites et ne sont donc pas adéquates dans la perspective d'une recherche scientifique. Par exemple, les catégories d'âge, « la vieillesse » en particulier ou même des notions comme la « famille », l' « emploi », etc., ne sont pas des notions transhistoriques et transculturelles mais elles sont indissociables d'un contexte social donné. Dans les quelques questions imaginées ci-dessus, que signifient par exemple les notions suivantes : *organisation, membres, motivé, relations, actions, accueil, identité, créativité, conflit... ?*

Prenons la question tellement courue de l'identité : combien de « questions de terrain » ne s'énoncent-elles pas à partir de cette notion. L'identité des instituteurs, l'identité des assistants sociaux fonctionnant dans les CPAS [8] du monde rural, l'identité des enfants issus de l'immigration, l'identité des éducateurs spécialisés travaillant avec des personnes en déficience mentale, etc. Une fois encore, nous soulignons le fait que ces questionnements que s'adressent les acteurs sociaux à eux-mêmes ou à d'autres acteurs de leur terrain sont entièrement compréhensibles et tout à fait légitimes. *« Qui suis-je, quelle est mon identité professionnelle ? », « Sommes-nous compétents ? », « Suis-je bien dans ma peau, dans mon métier ? ».* Toutes ces questions, mille fois entendues, alimentent une nécessaire réflexion souvent collective sur un avenir professionnel ; elles constituent en quelque sorte un intense magma de questionnements de nature parfois métaphysique.

La double tâche du chercheur consiste précisément d'une part, à être informé de l'existence des éléments constitutifs de ce magma, de leur évolution ; sans cette connaissance élémentaire, il est coupé de la réalité et ne dispose d'aucun ancrage solide dans cette réalité ; mais aussi, d'autre part, à s'en extirper, à s'en éloigner, à s'en distancier sans trop tarder. Intellectuellement s'entend. Voyons pourquoi en poursuivant notre exemple sur la notion même d'identité ; celle-ci est polyforme, elle est ambiguë et multidimensionnelle (identité subjective, identité objective ; sociale, profession-

8 Les Centres publics d'aide sociale.

nelle, culturelle), à un point tel qu'elle ne veut plus rien dire ; en cela, pour un praticien-chercheur, une telle notion est trompeuse et scientifiquement dangereuse ; donc, si elle peut assurément constituer un point de départ d'une réflexion scientifique (on peut en effet observer que dans un terrain social donné, des gens se posent des questions sur leur identité ou souhaitent renforcer celle-ci par rapport à d'autres groupes d'acteurs), c'est à la condition de la quitter au plus vite pour la remplacer par des notions plus strictes et plus précises comme celle de construction identitaire, par exemple, qui est plus précise car elle indique un processus d'élaboration plutôt qu'un vague et subjectif état de fait.

2.3.2 *Illustration*

Dans la construction de son objet de recherche, c'est-à-dire au début du processus, il peut arriver que le chercheur identifie une multitude d'éléments, humains et non humains, qui constituent le champ tout en restant encore peu précis sur le phénomène au centre de sa réflexion. L'effort doit dès lors être poursuivi à ce niveau afin de préciser quel phénomène sera vraiment au centre de l'étude.

Voyons comment GILLARD et MOURAUX ont pu identifier le phénomène au centre de leur recherche à savoir, dans le premier exemple, la motivation d'un certain groupe d'élèves dans une situation très spécifique et dans le second, la dualisation de l'enseignement. Nous introduisons donc ici une des deux illustrations à laquelle nous allons nous référer. Il s'agit de la recherche réalisée par Claude GILLARD dans le cadre de son mémoire de licence en Sciences de l'Éducation[9].

Situation 2
Redoublement et motivation : repérer le phénomène

Je suis confronté chaque année à des faits particuliers relatifs à la problématique du redoublement : quelques élèves sont amenés à entreprendre une deuxième année complémentaire. Certains acteurs soutiennent qu'il s'agit d'une bonne solution pour eux, qu'elle leur permettra de « repartir sur de bonnes bases, avec une longueur d'avance sur les autres... » ; d'autres essayent de s'opposer à ces pratiques parce qu'ils les considèrent pour le moins inefficaces ; d'autres enfin — bien souvent les élèves eux-mêmes ou leurs parents — ne comprennent pas qu'un débat puisse avoir lieu au sujet du redoublement : « Un élève qui ne réussit pas doit recommencer...Point ! »

Ainsi, d'année en année, je suis confronté à ces faits particuliers, inscrits chaque fois dans les histoires concrètes de jeunes adolescents, et qui succèdent à d'autres faits particuliers, dont il me paraît important de souligner à quel point je les perçois retentissants dans les parcours personnels des élèves qui sont amenés à les vivre.

Au cours d'un travail de discussion, de réflexion, de lecture, de déduction — dont il ne faut pas craindre qu'il prenne du temps et qu'il nous fasse passer par des moments d'incertitude et de remise en question — je repère progressivement le phénomène que je souhaite éclairer, analyser et comprendre dans le cadre de cette recherche : celui de la motivation des élèves qui doivent entreprendre une deuxième année complémentaire.

9 GILLARD enseigne le Français dans l'enseignement secondaire et est maître-enseignant dans une École Normale. Il a présenté son mémoire de Licence à la Faculté de Psychologie et des Sciences de l'Education (FOPA) en 2001. Ce mémoire était intitulé *L'influence d'une année complémentaire sur la motivation des élèves. Le cas du premier degré de l'enseignement secondaire.* Il était dirigé par ALBARELLO et CHARLIER.

Par rapport au redoublement, les phénomènes à observer (en d'autres mots, les portes d'entrée) auraient pu être différents : le chercheur aurait en effet pu mettre au centre de sa réflexion d'autres dimensions que celle de la motivation comme, par exemple, les pratiques de remédiation à mettre en œuvre par les enseignants ou l'étude des contextes sociaux de ces adolescents ou encore les stratégies éducatives qui existent parmi les différents modèles familiaux, etc.

Mais comme le constate GILLARD, *« je repère progressivement le phénomène que je souhaite éclairer, analyser et comprendre dans le cadre de cette recherche : celui de la motivation des élèves qui doivent entreprendre une deuxième année complémentaire »*. Son choix se précise tout comme celui de MOURAUX.

Situation 3

Le coût scolaire : le phénomène étudié

Une première recherche menée en 1990 avait déjà laissé entrevoir combien les dépenses liées à la vie scolaire renforcent ou créent des inégalités entre les écoles, entre les familles et entre les enfants.

Ce phénomène de dualisation des écoles et d'inégalités des enfants et des familles est devenu central dans la seconde recherche : il a été identifié comme une réalité sociale qu'il s'agit de dénoncer en visant d'abord à l'observer pour mieux la comprendre. Il est intimement lié au phénomène plus global de la démocratisation de l'école et à sa mission d'émancipation sociale des plus faibles.

C'est pour étudier ce phénomène social que les éléments pouvant expliquer les variations de pratiques, d'opinions et d'attitudes entre les écoles et entre les familles ont été puisés dans l'arsenal des variables socio-économiques telles que la situation et l'environnement des écoles et le statut socio-économique et culturel des familles.

C'est pour comprendre les aléas de ce phénomène de démocratisation que nous avons voulu mesurer l'impact du coût scolaire privé sur la scolarité et sur la réussite : que se passe-t-il lorsque des enfants ne peuvent participer à des activités payantes liées à l'instruction et donc à l'apprentissage ?

C'est enfin pour ces mêmes raisons que nous avons abordé les effets d'ordre psychologique liés au non-paiement : quels sentiments se développent chez l'enfant reconnu publiquement, devant ses camarades, comme « mauvais payeur » ? Quel impact ces sentiments peuvent-ils avoir ?

Derrière l'acte même de la dépense (le fait) et donc du « coût scolaire », c'est le phénomène complexe de démocratisation, d'émancipation et de dualisation qui se fait jour. Comme l'écrit MOURAUX, ce phénomène est identifié *« comme une réalité sociale qu'il s'agit de dénoncer en visant d'abord à l'observer pour mieux la comprendre »*.

Etant donné l'importance de ce moment dans l'ensemble du processus de recherche, nous présentons encore ci-dessous deux illustrations issues de travaux menés en sous-groupes par des praticiens chercheurs (éducateurs et travailleurs sociaux). Ces deux situations sont éclairantes du point de vue de l'effort d'abstraction qu'il convient de réaliser pour débusquer derrière des situations factuelles parfois anodines des phénomènes abstraits dignes du plus grand intérêt.

Le premier exemple concerne des événements s'étant déroulés dans un service d'insertion socioprofessionnelle relevant d'un Centre public d'aide social en Communauté française de Belgique. Les faits relevés par le groupe de praticiens-chercheurs sont les suivants : des stagiaires n'acceptent plus d'être dénommées « articles 60 » [10] ; portant des tabliers de travail de couleur bleue elles se sentent stigmatisées par rapport à un personnel du cadre distingué par un tablier de couleur blanche ; elles contestent également l'appellation usuelle, moqueuse sinon péjorative, du local dans lequel elle se réunissent ; en conséquence, une protestation émerge par rapport à ces aspects et une lettre collective est écrite par les stagiaires et est adressée aux responsables du CPAS ; suite à cette protestation, un comité de réflexion est mis en place. Voilà donc une série de situations, d'événements, de prises de parole, d'attitudes qui sont autant de faits que l'on rencontre quotidiennement dans une vie sociale donnée. Comment dès lors *travailler* ces faits ? Comment les observer avec un autre regard que celui de l'acteur qui est impliqué dans ce terrain social ? Comment, à partir de ces faits, construire un objet de recherche ? Quel phénomène identifier, repérer, débusquer derrière ceux-ci ? C'est précisément ce travail que le praticien-chercheur réalise par une sorte d'introspection, un effort de distanciation, un essai d'abstraction. En travaillant ainsi, apparaissent alors des idées plus générales que les simples faits mentionnés : des idées comme « ces stagiaires sont en recherche d'un positionnement professionnel propre à leur groupe », ou encore « des acteurs sociaux précarisés refusent une forme de stigmatisation sociale », ou bien « des acteurs précarisés développent une stratégie revendicatrice en vue d'une reconnaissance de leurs valeurs spécifiques ». Ainsi, en introduisant ces notions de positionnement, de stigmatisation, de stratégie, de reconnaissance, de valeurs, etc., le praticien-chercheur opère cet effort d'abstraction et il procède à un premier travail de dévoilement en faisant émerger ces divers phénomènes parmi lesquels l'un ou l'autre pourra être choisi et placé au cœur même de la recherche.

Voyons un autre exemple. Le praticien-chercheur observe que les jeunes utilisent de plus en plus fréquemment les nouvelles technologies de l'information et tout particulièrement l'envoi de SMS via leur téléphone mobile. Ce sont bien sûr des pratiques d'une grande banalité. Des actes quotidiens et innombrables. Dans une première attitude globalisante, apparaît aisément le phénomène général qui serait « l'utilisation accrue des NTIC par les jeunes » ou bien « la communication entre les jeunes accrue via les technologies nouvelles ». Toutefois, même si un effort de globalisation est présent dans cette formulation, nous sommes toujours dans le registre du factuel et il faut poursuivre l'effort d'abstraction en se posant toujours des questions du *type « qu'y a t-il là derrière ? »* ou *« qu'est ce que cela cache ? »*. Apparaît alors l'idée qu'il est essentiel, dans une construction biographique donnée, professionnelle, sociale, d'entrer en contact, en relation avec les autres membres de son groupe. On voit qu'à ce moment de la réflexion de notre chercheur, la pensée est orientée vers les notions de socialisation, de construction identitaire, d'interaction entre soi et autrui qui sont autant de pistes vers lesquelles le processus de la recherche pourra se poursuivre en s'affinant.

2.3.3 *Savoir-faire et savoir-être : la conviction et l'éthique*

La mise en lumière d'un phénomène spécifique alors que d'autres phénomènes auraient pu se dégager à partir des mêmes faits n'est pas une opération neutre, mécani-

10 Dispositif de réinsertion professionnelle par la remise au travail de personnes bénéficiant du revenu minimum.

que. Il entre dans ce processus, dans cette opération d'abstraction une forte dose de subjectif voire d'éthique [11]. Un court exemple illustre ce point de vue.

Considérons que le chercheur est interpellé par des pertes d'emploi nombreuses dans un secteur particulier, chacune de ces pertes pouvant être considérée comme un fait social, un événement ponctuel. À partir de ces situations concrètes et factuelles identiques, le chercheur peut faire émerger différents phénomènes. En voici deux, volontairement contrastés du point de vue éthique. Le premier chercheur décide de considérer ces pertes d'emploi sous l'angle de l'organisation du travail et décide de porter son regard sur la question de la productivité au sein d'un secteur donné, sur les procédures de restructuration et les modes d'organisation qui en résultent.

À partir de la constatation des mêmes événements, un autre chercheur privilégiera un point de vue différent, une autre porte d'entrée à savoir le phénomène de l'exclusion sociale, le processus de paupérisation ou de précarisation d'un segment de la population.

Il apparaît ainsi que choisir son phénomène, objet ultérieur d'étude, consiste à privilégier un point de vue sur une réalité et par conséquent implique de la part du chercheur de privilégier une option éthique. Cette opération doit pouvoir s'opérer en toute liberté intellectuelle mais il est clair qu'elle intègre les valeurs qui sont propres au chercheur ainsi que sa sensibilité personnelle dans le domaine social voire politique ou idéologique.

Voyons comment GILLARD a vécu le début de ce processus, comment il donne sens à sa recherche, comment ses propres valeurs et comment l'éthique à laquelle il se réfère se trouvent bien présentes au début de sa démarche de recherche.

Situation 4

Redoublement et motivation : une recherche qui a du sens

Rappelons que, selon le modèle de la dynamique motivationnelle de VIAU [12], une des causes de la motivation se révélait être la perception de la valeur de l'activité accomplie. Cela s'applique à mon cas également : c'est précisément parce que j'étais convaincu du sens de cette recherche — à plusieurs niveaux — que j'étais tellement motivé à la poursuivre.

Cette recherche a du sens

- par rapport à ma pratique professionnelle d'enseignant au premier degré de l'enseignement secondaire. Comme je l'ai déjà souligné, je suis fréquemment confronté, au terme de ce degré à la question de l'échec scolaire de certains élèves et donc, à celle de leur passage en 2e année complémentaire. Aussi, constatant qu'il s'agit là d'une réalité à laquelle des élèves restent encore confrontés, je me suis proposé d'étudier l'impact de cette année complémentaire sur leur motivation scolaire. La conclusion de cette recherche a montré que cette année complémentaire n'améliore pas la motivation — généralement négative — des élèves qui l'ont entreprise ;

11 L'éthique est un appel à la réflexion sur ce qu'il faut faire dans des situations nouvelles, voire inédites ; elle est de l'ordre de l'appel à l'action (éthique) plutôt que de l'ordre de la contrainte à agir (morale).

12 Ce modèle sera présenté ultérieurement de manière détaillée.

- concernant l'origine de cette absence d'amélioration de leur motivation scolaire, les résultats des analyses d'entretiens ont montré que, dans la plupart des cas, elle s'expliquait soit par une perception de la valeur du cours considéré, qui demeurait négative dans le cadre de cette deuxième année complémentaire, soit par une hésitation à qualifier — comme positifs ou négatifs — les effets de cette année complémentaire sur leur compétence, leur contrôlabilité et la valeur du cours ;
- pour mes collègues impliqués dans le même terrain : les questions — nombreuses — qu'ils me posaient à ce sujet témoignaient, selon moi, du sens qu'ils y accordaient ;
- pour tous les autres acteurs du terrain social : les inspecteurs, les psychologues attachés aux écoles secondaires, les animateurs pédagogiques...
- pour les élèves qui connaissent — ou connaîtront — cette situation ;
- pour les pouvoir publics qui légifèrent en la matière : en effet, le fait de mieux comprendre la dynamique motivationnelle que vivent des élèves obligés d'entreprendre cette année complémentaire au terme de leur premier degré devrait contribuer — même modestement — à éclairer les pouvoirs publics dans le développement de certains outils permettant d'accompagner le mieux possible ces élèves en difficulté ou, s'il échet — c'est-à-dire s'il apparaît que la motivation des élèves concernés est diminuée par cette année scolaire — à limiter celle-ci.

2.3.4 *Modalités de repérage du phénomène*

Les lignes qui suivent ont pour but d'aider le praticien-chercheur à franchir cette difficulté (passer d'une famille de faits à un phénomène) en indiquant deux modalités de travail possibles qui permettent de structurer sa réflexion quand il s'agit de repérer des phénomènes. Ces indications ne sont nullement exhaustives et bien d'autres outils existent mais l'expérience montre que ces deux modalités sont grandement aidantes ; il s'agit de raisonner en termes de niveaux (micro, méso, macro) et d'autre part de s'inspirer de la grille dite d'Ardoino que nous présentons ci-dessous.

A. Le niveau micro, méso, macro

Nous ferons ici référence au même exemple concret concernant l'attitude de protestation émise par des stagiaires précarisées se trouvant au sein d'un dispositif de formation ; rappelons-nous que ces stagiaires, se sentant stigmatisées sous divers aspects (habillement, appellation, lieux de rencontre), avaient mis en œuvre un processus de protestation, de revendication par rapport à la hiérarchie de l'institution.

Par rapport à ces événements concrets, le praticien-chercheur, dans sa recherche du phénomène, peut structurer sa réflexion en réfléchissant en termes de niveaux. Poursuivons l'exemple. À un niveau de pensée de type « micro », les aspects personnels, individuels, relationnels auraient pu être mis en évidence : la manière dont se construit l'estime de soi de personnes qui se trouvent en phase d'insertion sociale et professionnelle ; l'engagement, pour un acteur de ce type, dans une action collective revendicative ; l'entrée en relation avec les autres acteurs en semblable situation et les mécanismes de sentiment d'appartenance, etc.

À un niveau de pensée de type « méso », des aspects plus organisationnels auraient pu servir de fil conducteur dans la suite de la construction de l'objet : le rapport entre un groupe d'acteurs en voie de constitution (les stagiaires) et d'autres acteurs présents dans l'institution, le type de réactions qu'une organisation donnée produit selon sa propre organisation interne (configuration), etc.

Si le niveau « macro » était choisi, d'autres phénomènes pourraient émerger et d'autres pistes auraient pu être investiguées : la restructuration du secteur non marchand, l'efficience des dispositifs de formation au niveau régional, l'émergence d'une nouvelle classe, l'apparition de nouvelles formes du conflit social, etc.

On voit donc qu'organiser une réflexion, individuelle ou collective, en termes de niveaux fait toujours émerger un grand nombre de pistes nouvelles de recherche. Voyons un deuxième outil.

B. Un instrument : la grille d'Ardoino

Le modèle d'intelligibilité conçu par J. ARDOINO comprend les cinq niveaux suivants [13] :

- le niveau des personnes ; il interroge les caractéristiques personnelles des individus ; leurs aptitudes, leurs capacités, leurs styles, leurs dominantes, leur personnalité ;
- le niveau des interrelations qui renvoie aux relations entre individus, aux rencontres et aux conflits que ces relations engendrent, à la congruence ou la non congruence entre les individus selon les fonctions occupées par ceux-ci ; à ce niveau la relation est de nature duelle ;
- le niveau du groupe qui ne se réduit pas à la somme de ses membres mais se définit en tant que totalité dialectique et signifiante ;
- le niveau de l'organisation pensée en tant qu'ensemble réparti en fonction, en hiérarchie, prend en considération l'analyse des objectifs, de la stratégie, des moyens, des savoir-faire ;
- le niveau de l'institution compris comme celui de l'espace social environnant et qui renvoie aux groupes sociaux officialisés, aux systèmes de règles, aux idéologies, au pouvoir.

Toute situation que nous observons, tous les faits que nous relevons, peuvent être décodés, décryptés, interprétés à chacun de ces niveaux d'interprétation. Le lecteur peut s'exercer en considérant les diverses illustrations proposées jusqu'à présent et en imaginant, derrière chacune d'elles, quels phénomènes peuvent émerger selon qu'on adopte tel ou tel niveau d'intelligibilité.

On constate également que chacun de ces niveaux renvoie à un angle disciplinaire spécifique : le niveau de l'individu renvoie à la psychologie et à la psychanalyse, celui des interrelations à la psychologie, celui du groupe à la psychologie sociale et à l'anthropologie, celui de l'organisation à la sociologie des organisations ou à celui de la communication ; celui de l'institution pouvant quant à lui renvoyer à la sociologie, à la science politique ou à l'histoire. Cette dernière constatation souligne l'idée selon laquelle la réflexion en termes de phénomène renvoie intimement à la réflexion sur l'angle d'attaque disciplinaire.

---

13 Nous nous inspirons de l'article intitulé « Communications et relations humaines (Esquisse d'un modèle d'intelligibilité des organisations) » publié par l'Institut d'administration des entreprises de l'Université de Bordeaux.

2.4 CIRCONSCRIRE SON CHAMP D'ÉTUDE

2.4.1 *Définition*

Une confusion existe parfois entre la notion de « terrain social » et celle de « champ d'étude ». Cette confusion entre les deux concepts est fréquemment dommageable dans la construction même de l'objet de recherche par le chercheur-acteur. Rappelons donc quelques éléments de définition.

Le terrain, c'est l'expérience vécue. C'est le monde social dans lequel on vit. C'est la réalité empirique. Un terrain de football est bien le lieu où se pratique ce jeu ; c'est un espace concret avec des acteurs concrets. Pourtant, le football peut être constitué par un chercheur en tant que « champ d'étude » et faire surgir diverses interrogations de nature scientifique (*cf.* des phénomènes) comme, par exemple, la fonction sociale de cette pratique sportive ; l'intérêt des différentes couches sociales pour cette pratique ; les acteurs institutionnels dominants du champ (presse, sponsors, pouvoirs publics, entreprises) ; l'impact économique, symbolique, etc.

Le même type de raisonnement peut être tenu pour un hôpital, un CPAS, une école, une entreprise, un CEFA [14], une association, etc.

D'un côté, sur le terrain, évoluent des acteurs concrets qui appliquent les règles du jeu ; de l'autre côté, des éléments plus abstraits qui forment le champ d'étude. Comme l'écrit encore ELIAS (24),

> « c'est la tâche des chercheurs en sciences sociales que de trouver les moyens de comprendre les configurations mouvantes que les hommes tissent entre eux, la nature de ces liaisons ainsi que la structure de cette évolution ».

Passer de la notion de « terrain » à celle de « champ » suppose donc un acte d'objectivation et un effort de distanciation. Dans la tradition bourdieusienne, le champ est défini en tant qu'espace social au sein duquel des agents, individuels ou collectifs, voient leurs propriétés et leurs actions se définir en fonction des autres agents investis dans le même champ. Celui-ci est donc un lieu de relations, un lieu de classement dont l'enjeu consiste à conserver ou à transformer l'état des rapports de force présents dans le champ à un moment donné. Qu'on le veuille ou non, une recherche en sciences humaines concerne toujours un champ ou, plus exactement, l'objet d'une recherche se situe toujours à l'intérieur d'un champ.

Ainsi, si le terrain est donné, réel, présent, immédiat, visible… le champ n'est pas existant en tant que tel, concrètement, visiblement. Le champ d'étude est un construit. À propos de la construction de l'objet de recherche, du point de vue épistémologique, nous nous inscrivons dans la perspective qu'évoquait BACHELARD pour qui

> « avant tout, il faut savoir poser des problèmes. Et quoi qu'on dise, dans la vie scientifique, les problèmes ne se posent pas d'eux-mêmes. C'est précisément ce sens du problème qui donne la marque du véritable esprit scientifique. Pour un esprit scientifique, toute connaissance est une réponse à une question. S'il n'y a pas eu de question, il ne peut y avoir connaissance scientifique. Rien ne va de soi. rien n'est donné. Tout est construit » (BACHELARD, cité par HUISMAN, 1989 : 521).

14 Il s'agit des Centres de formation en alternance, juxtaposant des situations de formation et des situations de travail en entreprise.

C'est donc au chercheur de construire le champ qui constituera le cadre de sa recherche, c'est-à-dire de le définir, le délimiter, le caractériser intellectuellement. Cela signifie notamment identifier les éléments qui le constituent. Dans notre conception du champ, parmi ces éléments constitutifs, à côté des acteurs, individuels et collectifs, figurent également des ressources (sociales, économiques ou symboliques), des relations, des organisations, des objets, de la matière.

Plutôt que des acteurs ou des agents sociaux au sens strict du terme ce sont plutôt des « actants » qui le constituent. Des actants humains et non humains, réels ou symboliques.

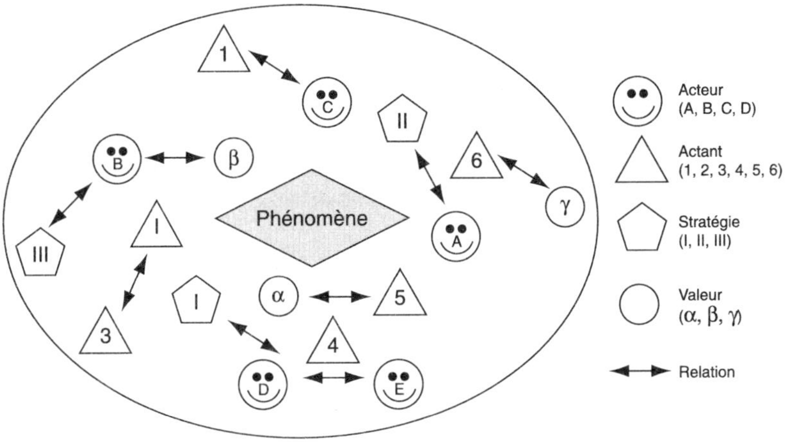

Le concept de champ renvoie aussi à la notion de réseau telle que décrite par HERREROS (*in* AMBLART *et al.*, 1996 : 139) pour qui

> « reconstituer le réseau, c'est éviter de découper la question en tranches, c'est chaîner toutes les entités qui participent au problème » et « les réseaux sont des dispositifs d'action mêlant humains et non humains ».

Réfléchir en termes de champ d'étude, c'est précisément réaliser ce travail de « chaînage », identifier et nommer les acteurs et les actants qui le constituent et le fondent et, par conséquent identifier aussi ceux qui ne s'y trouvent pas ; opérer ce travail de délimitation constitue les premiers pas du processus de distanciation et contribue au passage intellectuel depuis une interpellation concrète du terrain social jusqu'à ces niveaux plus abstraits de phénomène et de champ. À présent, illustrons nos propos.

2.4.2 *Illustration*

Et revenons à la recherche de GILLARD. Les lignes qui suivent montrent combien il a été décisif pour ce praticien-chercheur de définir clairement et précisément son champ d'étude. Cela signifie qu'il a dû faire l'effort, dès le début de sa recherche, de passer d'une « question sociale » ou d'une « interpellation de terrain » à un « champ d'étude » qu'il convient, au travers des diverses opérations que nous allons passer en revue, de construire scientifiquement.

Situation 5

Redoublement et motivation : terrain et champ d'étude

Ma pratique professionnelle d'enseignant dans le premier degré de l'enseignement secondaire m'amène à être confronté à la question de l'échec scolaire de certains élèves et donc à leur passage en « 2e année complémentaire » [15] Cette question se pose à différents niveaux, conditionnés chacun par le moment auquel la problématique émerge.

Elle m'interpelle d'abord quotidiennement dans le cadre de ma pratique en classe où je suis amené chaque année à me demander dans quelle mesure le redoublement de tel ou tel élève est véritablement efficace : j'observe, en effet, pour une majorité d'entre eux, que les premiers temps de l'année recommencée se caractérisent par leurs meilleurs résultats mais aussi que, de manière générale, ces progrès sont relativement limités et certainement pas continus.

Elle m'interpelle aussi en fin d'année scolaire lorsque, en délibération, le conseil de classe doit décider pour les élèves en situation d'échec soit une réorientation scolaire soit une deuxième année complémentaire. Au cœur de ce choix, souvent très douloureux, se situe à nouveau la question de l'opportunité d'un redoublement pour les élèves concernés.

Elle se pose enfin, et peut-être même surtout, lorsque je suis confronté, en cours d'année scolaire, à la démotivation de certains élèves ayant entrepris une deuxième année complémentaire, démotivation à laquelle s'ajoute bien souvent le découragement de leurs parents. Ici aussi, on le comprend aisément, la question de l'opportunité d'un redoublement se (re)pose de manière très aiguë.

Par rapport à cette réalité — dont le moins que l'on puisse dire est qu'elle suscite de nombreux échanges de points de vue entre différents acteurs de l'école où j'enseigne — j'ai souhaité entreprendre un travail de recherche au cœur duquel la question du redoublement d'une année scolaire serait étudiée.

Au moment où ce projet de recherche est né, je me suis rapidement rendu compte de la nécessité impérieuse de poser scientifiquement le problème.

Cela m'imposait d'abord de prendre du recul par rapport à une manière trop passionnelle de le poser : outre mes opinions personnelles sur cette problématique, de nombreux avis étaient partagés autour de moi à son sujet ; ainsi, certains s'appuient sur leur expérience (parfois très longue !) dans l'enseignement pour défendre ce qu'ils appellent « les vertus » du redoublement et considèrent, par exemple, la décision du Gouvernement de la Communauté française d'imposer le régime de la certification par degré comme une régression [16] ; d'autres, par contre, que je percevais moins nombreux, s'appuyant parfois sur une expérience aussi étendue que celle des précédents, considéraient le redoublement comme inutile ou, à tout le moins, comme ayant une efficacité très discutable ; certains, enfin, parmi les élèves et leurs parents, ne comprenaient pas — selon leurs propres paroles — « l'ineptie qui consiste à empêcher quelqu'un de doubler » et se demandaient quand cette décision serait revue pour en revenir au « bon vieux système d'avant ».

15 Cette appellation de « 2e année complémentaire » est précisée par le Décret de la Communauté française, daté du 24/07/97, définissant les missions prioritaires de l'enseignement fondamental et de l'enseignement secondaire et organisant les structures propres à les atteindre. L'article 15 de ce décret prévoit que « l'élève amené à parcourir le premier degré de l'enseignement secondaire en trois ans plutôt qu'en deux peut suivre l'année complémentaire adaptée à ses besoins d'apprentissage dans le même établissement ».

16 Selon l'Arrêté royal du 29/06/84, article 21, § 3 inséré par l'arrêté du Gouvernement de la Communauté française du 20/06/94, les élèves du premier degré de l'enseignement secondaire sont soumis au régime de la certification par degré : cela signifie, entre autres, que les élèves de première année ne redoublent pas « sauf dérogation accordée par le Ministre en raison d'absences de très longue durée ».

> Cela m'obligeait aussi à passer de questions issues de ma pratique quotidienne, dans une école et avec des acteurs donnés, à la nécessité de poser scientifiquement la question que je souhaitais travailler et d'analyser le champ dans lequel elle allait être traitée.
>
> Il s'agissait donc, pour moi, d'appréhender le champ du redoublement des élèves au terme de leur premier degré dans l'enseignement secondaire, en le reliant à la problématique de leur motivation scolaire. Outre quelques rencontres préliminaires avec des professionnels ayant réfléchi à ces questions (psychologues cliniciens, pédagogues, enseignants...), j'ai entrepris une recherche bibliographique de manière à découvrir ce que la recherche avait déjà établi au sujet du redoublement et de la motivation scolaire des élèves.

« Le terrain, c'est l'expérience vécue », écrivions-nous plus haut. L'introduction de GILLARD ci-dessus, montre à quel point son ancrage dans un terrain social donné, celui de l'enseignement, est dense et présent dans sa réflexion ; il se dit interpellé quotidiennement, dans le cadre de sa pratique en classe où sans cesse, écrit-il, il est amené « à se demander dans quelle mesure le redoublement de tel ou tel élève est véritablement efficace. » Mais très rapidement, il est conscient de « la nécessité impérieuse de poser scientifiquement le problème ». Dans cet esprit, son premier travail consiste à définir, de manière certes encore approximative, son champ d'étude, *« celui du redoublement des élèves au terme de leur premier degré dans l'enseignement secondaire, en le reliant à la problématique de leur motivation scolaire »*. Pour préciser ce champ et le circonscrire davantage, le praticien-chercheur entame alors une démarche exploratoire auprès de témoins privilégiés et de diverses personnes ressources qui l'aideront, nous le verrons ultérieurement, à progresser dans la construction de son objet de recherche. C'est ce qui l'amène aussi à entamer une première recherche bibliographique et à consulter quelques auteurs qui lui semblent pertinents. Ces démarches sont entreprises parce qu'il sait qu'il lui faut absolument opérer ce passage tout à fait indispensable du registre de l'action (le terrain, sa classe, ses élèves) à celui de la recherche (son champ d'étude, les actants, les systèmes). Le mot « indispensable » n'est pas abusif car le praticien a véritablement conscience que s'il reste au niveau de sa propre classe, au niveau des parents d'élèves, au niveau de ses propres collègues, sa réflexion ne pourra pas progresser dans le sens d'une réponse rigoureuse, structurée et validée à l'interpellation qui l'assaille à ce moment. En d'autres mots, le terrain lui a donné tout ce qu'il pouvait lui donner ; des discussions informelles, certes sérieuses et constructives, il en a eu des dizaines, des centaines sinon davantage sur ses quinze années de pratique. Des situations de redoublement, il en a connu des quantités. L'évidence est bien là : accumuler plus de discussions de ce type et observer d'autres situations ne lui apporteront plus d'éléments neufs. Cela montre à quel point l'ancrage avec le terrain est tout à fait déterminant mais à quel point aussi il est utile, essentiel, à un moment précis, de pouvoir s'en distancier.

Faisons à présent référence à la seconde recherche réalisée par Danielle MOURAUX, qui a, en l'an 2000, abordé la question du coût de l'école.

Situation 6

Le coût scolaire : une interpellation du terrain social

Même si l'accès à l'école obligatoire est gratuit, s'il n'y a pas de droits d'inscription, chacun sait que fréquenter l'école coûte. C'est un fait omniprésent de la maternelle au secondaire, dans les réseaux officiels et libres, dans tous les coins de la Communauté française.

Une première étude réalisée par la Ligue des Familles, il y a dix ans, parvient à démontrer cette réalité sociale qui, pour la première fois, est mesurée, analysée, prouvée scientifiquement grâce à une enquête auprès de 459 familles invitées à remplir, du 1er juillet 1990 au 30 juin 1991, un carnet des dépenses liées à la fréquentation scolaire de leurs enfants.

Ces dépenses sont classées en trois catégories, allant du plus contraignant au plus facultatif : les dépenses scolaires, sans lesquelles l'enfant ne pourrait pas aller à l'école et suivre la classe (fournitures, manuels, équipements, transport, garderie) ; ensuite les dépenses sociales, liées à la vie des élèves à l'école, à l'ouverture de l'école vers le monde extérieur et à la participation des parents à la vie de l'école (activités culturelles, fêtes, photos de classe, partie des repas, etc.) ; enfin les dépenses privées, liées davantage aux habitudes des familles (argent de poche, habillement, partie des repas).

Cette recherche met en lumière l'importante variation des dépenses consenties par les familles et lève le voile sur la dualisation des écoles.

En 1997, le décret sur les missions de l'école précise dans son article 100 les règles fixant les relations financières entre l'école et les familles : une liste de frais admis autorise les écoles à généraliser certaines activités payantes et donc à en exiger le paiement auprès des familles. La Ligue des Familles réclame dès lors un contrôle de ces frais et décide de chercher les moyens de diminuer l'ampleur des coûts et de réduire les inégalités qu'ils entraînent entre les écoles et entre les familles. Elle propose aux autorités scolaires de mener une recherche concernant tous les frais que les familles paient directement à l'école.

En 2000, ce projet de recherche est accepté par le ministre Nollet. Les deux études sont donc complémentaires mais leurs champs diffèrent car si la première partait de la famille et tentait d'évaluer ses dépenses liées à la vie scolaire, la seconde part des écoles et vise à comprendre comment les relations financières avec les familles sont gérées et vécues. Elle porte sur le coût scolaire privé, c'est-à-dire sur ce que les familles paient à l'école.

C'est ainsi que divers éléments du champ d'étude sont identifiés dès le départ de la recherche :

- le contexte légal fixé par l'article 100 du décret ;
- les acteurs humains : les directions d'écoles primaires, les enseignants, les parents, les enfants, les structures de participation (notamment le Conseil de Participation) ;
- les actions, les pratiques : les frais exigés, les modes de paiement utilisés, les difficultés rencontrées, les solutions proposées ;
- les éléments du contexte social : caractéristiques des écoles (situation géographique, taille, public...) et des familles (composition, revenus, statut socio-professionnel...) ;
- les opinions : sur l'ampleur des coûts, leur légitimité, leur traitement ; sur les effets de ces coûts sur les enfants, sur la scolarité...

Ce second exemple montre également à quel point cette praticienne-chercheuse ancre son projet de recherche dans un terrain social qui lui est familier et qu'elle côtoie depuis de longues années. C'est ce terrain qui lui indique *que « même si l'accès à l'école obligatoire est gratuit, s'il n'y a pas de droits d'inscription, chacun sait que fréquenter l'école coûte. C'est un fait omniprésent de la maternelle au secondaire, dans les réseaux officiels et libres, dans tous les coins de la Communauté française.* » C'est à partir de cette profonde conviction sociale qu'il lui faut à présent construire une recherche scientifique et la première étape consiste à contextualiser son champ d'étude, à préciser les différents actants du champ considéré : acteurs, dispositif légal, résultats d'études préalablement menées. Cela est nécessaire car, comme nous l'avons vu dans le cas de la première illustration, rester au niveau du terrain ne suffira pas à répondre sérieusement à la question sociale ainsi posée : écouter de façon informelle d'autres familles qui évoqueront avec étonnement et regret le coût élevé des études, recevoir de nombreuses plaintes sur les coûts additionnels de la fréquentation d'une piscine ou sur le nombre de photocopies, etc., même si cette écoute attentive durait encore une année, ou cinq ou dix, l'observation resterait de même nature et ne revêtirait pas pour autant un caractère scientifique. C'est donc bien le modèle du praticien et le rapport à son champ qui doivent être modifiés par l'adoption des attitudes de distanciation que nous continuons à préciser dans ce livre.

2.4.3 *Savoir-faire et savoir-être : l'écoute*

La vertu ou la qualité à mettre en œuvre ici est double et est assurément paradoxale puisqu'il s'agit tout à la fois et simultanément de « rester attaché » et de « se séparer », se distancier.

Rester attaché, tout d'abord. Cela veut dire rester en phase avec son terrain, être attentif à ce qui s'y dit, se mettre à l'écoute des nombreux acteurs qui y évoluent, rester proche des faits qui interpellent. La qualité à mobiliser, et pour un chercheur cela est bien une vertu, est une sorte de capacité d'empathie sociale, une disposition à écouter ce que disent les autres.

Ensuite, « se séparer », cela signifie ceci : *« J'ai toujours entendu dire telles ou telles choses, il me faut à présent être capable de, éventuellement, les remettre en cause »* ou encore *« par rapport à ces affirmations, j'ai toujours maintenu tel point de vue ainsi qu'une attitude donnée ; il me faut à présent, si je veux aller plus loin dans la connaissance de ces choses qui m'intéressent, changer d'angle et être prèt(e) à abandonner mon point de vue. »*

Voilà donc les deux qualités personnelles qu'il convient d'articuler et de faire jouer en même temps ; cela n'est évidemment pas chose aisée et s'acquiert sans doute progressivement, à travers la réalisation de une, puis de deux, puis de plusieurs recherches.

2.5 Adopter un angle disciplinaire prioritaire

2.5.1 *Définition*

Le praticien-chercheur, comme tout chercheur en sciences humaines, gagne à positionner clairement sa recherche d'un point de vue disciplinaire, une discipline étant entendue dans le sens académique du terme : psychologie, histoire, sociologie, communication, anthropologie, économie, pédagogie, démographie, psychologie sociale, science politique. Chacune de ces disciplines scientifiques s'appuie sur un corpus théorique propre, met en œuvre des méthodologies spécifiques, utilise un langage commun et répond à des règles définies et généralement acceptées par l'ensemble de la communauté scientifique. Dans la plupart des cas, une recherche va donc clairement se référer à une discipline donnée. S'il est des exceptions, il s'agit de recherches multidisciplinaires qui pourront réunir, au sein d'une même équipe, plusieurs chercheurs issus de disciplines différentes et qui traiteront un objet de recherche non plus sous un angle disciplinaire privilégié mais sous les différents angles disciplinaires auxquels ces chercheurs appartiennent. Avouons que, dans les cas qui nous occupent ici, à savoir des praticiens se positionnant en tant que chercheurs ou le cas des apprenants-chercheurs, cette situation de multidisciplinarité est concrètement assez rare car les moyens qu'elle suppose font souvent défaut. Il convient donc plutôt d'être bien au clair avec son propre choix disciplinaire et d'adopter explicitement, dès le début de la recherche, l'angle qui y sera privilégié. Cela permet de se positionner clairement, sans ambiguïté. Cette attitude ne signifie pas qu'il sera totalement exclu de faire référence à d'autres approches disciplinaires mais celles-ci seront traitées en quelque sorte sur un mode mineur. Le choix d'un angle disciplinaire privilégié est en relation immédiate avec l'objectif que la recherche se propose d'atteindre (*cf.* le chapitre consacré à l'objectif spécifique de la recherche).

L'adoption d'un angle disciplinaire dépend également de la formation du praticien-chercheur bien que cela ne soit pas toujours aussi simple puisqu'il se peut que celui-ci ait précédemment réalisé des études non disciplinaires au sens strict du terme et être par exemple, assistant social, instituteur ou infirmier. Deux situations sont à distinguer. Si la recherche est menée dans le cadre d'une formation, alors, généralement, diverses procédures d'accompagnement sont mises en œuvre pour pallier cette difficulté et le praticien est aidé dans sa recherche par des formateurs qui l'initient à la discipline. Si, à l'inverse, la recherche a lieu hors d'un contexte de formation et de manière indépendante, alors un important effort de formation autonome doit être mené (lectures nombreuses de livres théoriques et de recherches déjà menées). Il est même souhaitable dans ce cas que des liens soient établis entre le praticien et l'une ou l'autre équipe de recherche, universitaire ou non.

2.5.2 *Illustration*

Voyons comment la recherche « Redoublement et motivation » de GILLARD (dont on rappelle qu'enseignant, il était, au moment de cette recherche, en situation de formation universitaire en sciences de l'éducation) a répondu à cette nécessité de choisir un point de vue disciplinaire qui fut indéniablement celui de la psychologie sociale en tant que « discipline scientifique s'intéressant à l'individu en tant que membre d'un groupe et étudiant la façon dont il est influencé par les autres et son comportement à leur égard » [17].

17 MYERS et LAMARCHE, *Psychologie sociale*. Mc Graw Hill, 1992 : 5

Situation 7
Redoublement et motivation : un angle disciplinaire privilégié

Il me parait utile de préciser qu'à ce moment de la recherche l'angle disciplinaire n'était pas encore tout à fait défini. Au premier abord, je souhaitais aborder la question qui me préoccupait en utilisant le point de vue adopté par la psychologie. Plusieurs lectures — développant les recherches menées sur cette problématique dans la perspective de la psychologie cognitive — m'avaient, en effet, montré que la question de la motivation scolaire était fortement liée aux perceptions développées par l'élève : sa perception de la valeur de l'activité d'apprentissage, sa perception de sa compétence à l'aborder et sa perception de sa contrôlabilité. Il était donc tout à fait envisageable d'étudier la question qui présidait à cette recherche à l'aide de l'angle d'attaque psychologique au sens strict.

Cependant, d'autres lectures — auxquelles s'ajoutaient certaines observations déjà menées dans le cadre de mes activités professionnelles en classe — m'avaient convaincu que ces différentes perceptions étaient influencées — et parfois même façonnées — par les personnes avec lesquelles l'élève interagit : en particulier, son milieu familial, ses enseignants et les autres élèves de la classe.

Ainsi, si l'approche psychologique de la motivation des élèves considérés était intéressante pour aborder cette question de recherche, il me paraissait éclairant d'y associer une approche de type sociologique permettant d'étudier certains déterminants sociaux exerçant une influence sur les trois perceptions de soi interagissant dans leur motivation scolaire.

L'angle d'attaque psychosociologique s'est donc progressivement imposé comme particulièrement pertinent pour le type de recherche que j'allais mener.

Voyons comment la recherche consacrée au coût scolaire privé fit également face à cette question du choix de l'angle disciplinaire.

Situation 8
Le coût scolaire : économie ou sociologie ?

Alors que la première enquête, menée en 1990 récoltait essentiellement des données chiffrées (les montants des différentes dépenses consenties par les familles), la seconde, menée en 2000, a dû renoncer à mesurer l'ampleur du coût scolaire privé. Cette information ne peut en effet être sérieusement calculée que par un minutieux relevé quotidien du moindre franc qui passe, durant toute une année, du portefeuille des parents ou des enfants à la caisse de l'école. La seule donnée chiffrée de la seconde recherche concerne une estimation du coût annuel pour un enfant et elle est donnée avec toutes les précautions nécessaires.

L'angle disciplinaire de cette recherche n'a donc rien d'économique dans le sens où elle ne vise nullement à mesurer les coûts ni à en expliquer les montants ni à comprendre les procédures financières. Il est entièrement sociologique parce qu'il ouvre la recherche sur un phénomène essentiellement social : la dualisation des écoles et les inégalités des familles et des enfants vis-à-vis de la scolarité et de la réussite. L'angle disciplinaire est sociologique dans le sens où il utilise les instruments classiques de l'étude de la société : les variables étudiées relèvent de l'organisation des institutions scolaires, de la participation aux décisions, des pratiques de solidarité, de la composition et du revenu des ménages.

Dans ces commentaires de MOURAUX, on voit bien à quel point s'articulent phénomène et angle d'attaque disciplinaire. C'est en effet parce que le chercheur a défini et fait progressivement émerger, caché derrière le fait du coût scolaire, le phénomène de la dualisation-émancipation, que l'approche sociologique a été choisie plutôt qu'une autre approche, par exemple économique [18]. Et comme la chercheuse le laisse également entendre, les méthodes (types de variables, etc.) qui seront ultérieurement utilisées dépendent de façon tout aussi directe du choix initial de l'angle disciplinaire.

2.5.3 *D'autres types de recherche*

A. La recherche-projet *(ex ante)*

Il est des situations de recherche qui, plus que d'autres, semblent nécessiter une approche multidisciplinaire. Ce peut être le cas lorsque le praticien a pour mission de mettre en place un dispositif quelconque : une école de devoirs, un centre de remédiation, une maison d'accueil de la petite enfance, un lieu d'activités extra-scolaires, etc. Dans ces différents cas, on peut penser que le « dossier » gagnera à être traité sous ses différents aspects et qu'il devra dès lors mettre en œuvre des compétences relevant de diverses disciplines : par exemple, l'étude de faisabilité financière se référera aux techniques comptables ou à divers calculs économiques, donc conférera une priorité à la discipline économique ; l'analyse des besoins de la population visée se référera à la sociologie ou à la démographie, le fonctionnement interne et les relations entre agents concernés à la psychologie sociale voire, dans certains cas, à la pédagogie, etc. La question fréquemment posée est donc de savoir comment le praticien-chercheur peut se positionner dans pareille situation. Étant donné la difficulté, voire l'impossibilité pour une seule personne, de maîtriser les dimensions théoriques ainsi que méthodologiques de plusieurs disciplines, notre point de vue est plus limitatif qu'extensif. Et la recommandation que, une fois encore, nous adressons au praticien confronté à une telle situation consiste à opérer un choix. C'est-à-dire privilégier malgré tout une approche, un angle disciplinaire, qu'il conviendra de maîtriser au mieux. Nous lui conseillons de traiter non pas l'ensemble du projet dans sa multi-dimensionnalité mais plutôt de cibler et de traiter à fond, rigoureusement et « dans les règles de l'art » une seule dimension du projet. Cela ne signifie pas qu'il faille abandonner définitivement les autres dimensions disciplinaires mais plutôt les postposer ou les faire traiter par ailleurs, par un collègue praticien-chercheur qui adoptera un autre angle disciplinaire et pourra prendre en charge avec tout le sérieux nécessaire une autre dimension du projet.

B. La recherche évaluative *(ex post)*

On trouve ici le même type de raisonnement que dans la recherche-projet : un souhait bien légitime de travailler sur un mode multidisciplinaire pour lequel on évaluerait une activité ou une politique sous différents aspects. Nous revoici devant le même problème : est-il possible de mener à bien, dans le cadre d'une période limitée et aussi, le plus souvent, dans une contrainte budgétaire, une recherche de ce type ? Notre expérience nous pousse au plus grand scepticisme sur le réalisme d'une telle voie. Nous suggérons donc la même réponse que celle proposée ci-dessus : plutôt que de faire « un peu de tout », dans une sorte de bricolage multidisciplinaire, il est préférable de choisir un angle prioritaire et de l'aborder sérieusement, c'est-à-dire en inscrivant pré-

18 Nous renvoyons le lecteur à une précédente note concernant la circularité de la recherche plutôt que sa linéarité. L'illustration ci-dessus confirme cet aspect.

cisément la recherche dans une approche disciplinaire clairement définie, en maîtrisant les référents et les modèles théoriques que celle-ci implique.

Par rapport à cette conception générale de la priorité disciplinaire, la seule ouverture qui nous semble possible serait de situer la recherche « à la croisée de deux disciplines ». Par exemple, un angle socio-économique pourrait être considéré, de même qu'un angle psycho-social qui se situerait à la frontière ou à l'intersection de la sociologie et de la psychologie, tel que nous le propose BAJOIT dans son ouvrage *Pour une sociologie relationnelle* (BAJOIT, 1992).

Nous reviendrons ultérieurement sur les études de type évaluatif et nous verrons qu'elles répondent aux autres caractéristiques de la recherche scientifique, notamment par la présence, sinon explicite du moins implicite, d'hypothèses à tester.

2.5.4 *Savoir-faire et savoir-être : le renoncement*

Être conscient(e) de son propre acquis scientifique est évidemment la qualité requise pour opérer le positionnement disciplinaire de sa recherche. Certaines situations sont non équivoques et ne posent donc aucun problème par rapport à cela : le praticien-chercheur a été formé dans une discipline scientifique qu'il a pu mettre en œuvre depuis l'obtention de son diplôme ; il est économiste, sociologue, historien ou psychologue ; il engage sa recherche, clairement et sans ambiguïté dans la perspective scientifique qui est la sienne ; il y évolue à l'aise et se sent bien outillé, théoriquement et méthodologiquement.

Toutefois, dans de très nombreux cas, la situation du praticien-chercheur par rapport au corpus disciplinaire est beaucoup plus complexe.

D'abord et tout simplement parce que le praticien n'a pas, dans son cursus scolaire antérieur, bénéficié d'une formation de type disciplinaire ; il peut être instituteur, comptable, employé de banque, gendarme, puéricultrice, infirmier, etc., et de la sorte n'avoir reçu que très aléatoirement, dans sa formation qualifiante et professionnalisante, des cours d'économie, d'histoire, d'anthropologie, de pédagogie, de sociologie, de psychologie, etc.

Ensuite, et ils sont nombreux dans ce cas, il y a ceux qui au gré des aléas de leur vie professionnelle, se sont au fil du temps éloignés d'une discipline naguère étudiée. La maîtrise des cadres théoriques s'est émoussée à travers le temps, les techniques d'observation n'ont pas été mises à jour, ni intégrés les acquis nouveaux de la discipline.

Enfin, une autre difficulté peut apparaître lorsque le praticien est en situation de formation : il peut en effet se trouver confronté à un apprentissage diversifié de type pluri (ou multi) disciplinaire et donc à différents apports disciplinaires.

Ces situations expliquent qu'il n'est guère évident d'opérer un choix disciplinaire lorsqu'on est soi-même relativement éloigné culturellement ou professionnellement des différents corpus entre lesquels il conviendra pourtant de choisir. Contrairement à ce qu'ils pensent eux-mêmes fréquemment, ce qui entraîne d'ailleurs hésitations et angoisse, ils ne sont pas les seuls à devoir faire face à cette difficulté ; la difficulté est rencontrée par la plupart des praticiens qui entament un projet de recherche.

2.6 Limiter son objectif spécifique de recherche

Les découpages que nous proposons ne sont pas toujours aussi stricts dans la réalité du processus de recherche et si l'on sait à quel point le cadre théorique influence la construction des hypothèses, il est également vrai qu'affiner son objectif de recherche tel que nous le définissons à présent ou expliciter son hypothèse conduit parfois à réviser, réorienter, revoir son angle disciplinaire. Un lien dynamique et dialectique existe à travers les différentes étapes qui constituent la construction de l'objet de recherche mais quelle que soit l'évolution de la pensée, arrive toujours ce moment où il faudra préciser son orientation disciplinaire, choisir un référent théorique précis et pouvoir, en quelques mots, expliquer au collègue intéressé quel est l'objectif spécifique de la recherche. C'est le point que nous abordons à présent parce qu'il s'agit à notre avis d'une compétence élémentaire que le chercheur doit acquérir et mobiliser. Ces propos peuvent paraître triviaux mais l'expérience indique que de nombreux projets de recherche échouent parce que le chercheur n'a pas suffisamment pris la peine, au début du processus, de définir concrètement et précisément quel était *l'objectif spécifique de sa recherche*. Celle-ci ne peut alors devenir qu'une juxtaposition d'idées disparates sur un sujet quelconque qui, même si elle peut présenter un certain intérêt d'ordre journalistique, ne constituera jamais une véritable recherche scientifique. Eclaircissons tout d'abord la notion même d'objectif de recherche en la distinguant de la notion proche d'objectif de vie ou de projet personnel.

2.6.1 *Définition*

Se donner un objectif de recherche spécifique, scientifique, c'est en quelque sorte exprimer sa volonté de mieux connaître une partie d'un champ préalablement défini. L'objectif spécifique de la recherche ne doit donc pas être confondu, comme cela se passe fréquemment, avec l'objectif personnel que le praticien-chercheur poursuit en réalisant une formation ou avec son objectif de vie à moyen ou long terme ou avec ses objectifs professionnels ou militants. Il s'agit de notions différentes qui renvoient d'ailleurs aux deux registres examinés précédemment, l'objectif social étant à l'engagement ce que l'objectif scientifique est à la distanciation.

Distinguons-les donc clairement. Un praticien-chercheur, comme tout acteur social, poursuit des objectifs individuels ou collectifs : ceux-ci peuvent être personnels et liés à une carrière en cours ; ils peuvent être de nature politique, sociale, environnementale ou de tout autre nature, familiale, économique. Dans la poursuite de ces objectifs disons « de vie », il se peut que la réalisation d'une recherche, éventuellement liée à l'obtention d'une certification diplômante, constitue une étape importante. Il peut dès lors arriver que, ces deux préoccupations étant simultanées, une confusion existe sur la nature même de ces objectifs. Il faut dès lors être lucide sur ces questions : d'une part, quel est mon objectif de vie, personnellement et à ce moment-ci de mon existence ? D'autre part, quel est l'objectif spécifique, très précisément explicité, que poursuit ma recherche ? Ce sont deux choses différentes qu'il y a tout intérêt à distinguer. En d'autres mots, même si la réalisation de ma recherche influence ultérieurement le cours de mon existence professionnelle ou de mon engagement social, la recherche poursuit un objectif *en soi*. Cet objectif est en quelque sorte interne à la recherche comme on peut le voir dans les deux illustrations qui suivent.

2.6.2 *Illustration*

Situation 9

Redoublement et motivation : l'objectif spécifique de la recherche

Nous nous sommes fixé l'objectif de recherche suivant :

> « Analyser l'impact d'une deuxième année complémentaire, à la fin du premier degré de l'enseignement secondaire, sur la motivation scolaire d'un élève et ce, en tenant compte de l'environnement social de ce dernier. »

Voilà qui est clair. Aucune confusion possible entre l'objectif de la recherche et l'objectif personnel du chercheur. Ce sont clairement deux choses différentes. Dans le second exemple ci-dessous, il n'y a pas non plus d'ambiguïté : la praticienne-chercheuse définit deux objectifs spécifiques de recherche qu'elle décrit ensuite avec précision en indiquant ce que chacun d'eux recouvre.

Situation 10

Le coût scolaire : le double objectif d'une recherche

Deux objectifs sont identifiés :

Le premier vise à analyser les pratiques des écoles en matière de frais scolaires réclamés aux familles. En d'autres termes chercher à savoir :

- Qui décide des frais : le PO, la direction, les enseignants ; dans quelle mesure les élèves et les parents participent à la décision.
- Que recouvrent les frais : la liste des frais admis est-elle strictement respectée ou non ?
- Comment sont réclamés ces frais : forfait ou frais réels, à la pièce ou sous forme d'une facture ?
- Comment l'école tente de réduire les coûts (pratiques d'économie).
- Comment l'école organise la solidarité entre les élèves et les familles (pratiques de solidarité).
- Quelles sanctions sont prévues et/ou appliquées en cas de non-paiement.

Le second objectif vise à analyser le vécu et les représentations des familles concernant le coût scolaire privé. En d'autres termes, chercher à savoir :

- Que recouvrent les frais (la liste des frais admis est-elle strictement respectée ou non ?)
- Comment sont réglés ces frais.
- Quelle est l'évolution générale des dépenses : statu quo, vers la hausse ou la baisse.
- Comment les familles en difficulté sont aidées ; par qui ou quoi (par l'économie et/ou la solidarité) ; à quelles conditions, au prix de quelles démarches.
- Quelles sont les conséquences d'un non-paiement ou d'un paiement en retard : effets visibles et cachés (sentiments, démotivation, stratégies d'évitement, sanctions, etc.).
- Quel est le degré d'accord des familles face aux frais scolaires ; quelle est leur marge de participation aux décisions.

2.6.3 *La situation de compromis*

Dans certains cas, la fixation de l'objectif n'est pas du ressort unique du praticien-chercheur mais il peut arriver que plusieurs personnes participent à cette activité. Il se peut en effet que des collègues soient intéressés par le projet ; que des représentants d'autres services ou d'autres départements ou que des membres de la hiérarchie, de la direction souhaitent intervenir dans la délimitation de l'objectif de recherche. Des représentants du personnel peuvent également souhaiter être associés à cette étape importante ou d'autres acteurs actifs dans l'entreprise ou dans l'organisation. Si le caractère collectif de la réflexion est souhaitable voire nécessaire, il peut donc dans certains cas poser problème, en particulier au niveau de la phase que nous décrivons à présent et qui est celle du choix de l'objectif spécifique de la recherche. Tout travail collectif implique en effet la réalisation de compromis. Or un compromis par rapport à la fixation d'un objectif de recherche n'est pas forcément souhaitable : un objectif doit en effet être univoque, précis, sans ambiguïté aucune. Il faut donc veiller à ce qu'un compromis, même s'il est recherché dans une perspective de grande démocratie interne, ne puisse mettre en péril l'unicité de l'objectif de recherche. Ce risque est bien sûr grand lorsqu'un nombre élevé d'acteurs participent à cette réflexion. Comment en effet, dix, douze, quinze collègues ou acteurs, intéressés au projet d'une recherche, pourront-ils définir précisément un seul objectif de recherche qui, nous l'avons vu dans la première partie du livre, intègre des éléments éthiques et stratégiques, chaque acteur ayant évidemment les siens. Il est donc essentiel que, même si des compromis doivent être faits, l'ensemble du groupe soit conscient de cette exigence qui est de nature scientifique et aboutisse à définir un seul objectif de recherche, précis, explicitement défini, écrit et ultérieurement approuvé par l'ensemble des intervenants.

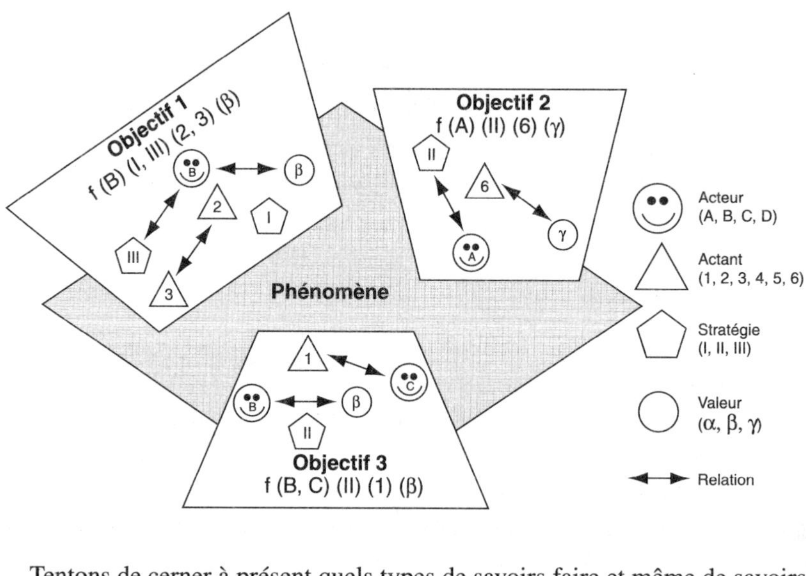

Tentons de cerner à présent quels types de savoirs faire et même de savoirs être il faut activer pour identifier et circonscrire un objectif spécifique de recherche, moment important de la recherche s'il en est.

2.6.4 *Savoir-faire et savoir-être : l'humilité et l'audace*

Être humble et en même temps faire preuve d'audace voilà les deux vertus qu'il convient de mobiliser ici et qui peuvent apparaître opposées ou à tout le moins paradoxales. La première est certainement l'humilité qui pourrait brièvement être définie comme la connaissance de tout ce que l'on n'est pas. Ou de tout ce que l'on ne fait pas. C'est reconnaître son impuissance. Son impuissance à tout comprendre, à tout étudier, à tout analyser. C'est en termes de recherche scientifique, refuser de traiter un champ de façon exhaustive. C'est faire le choix d'un objectif alors que l'on sait que de nombreux autres objectifs, tout aussi dignes d'intérêt, pourraient être poursuivis. Être humble, ici, c'est reconnaître ses limites et par conséquent choisir. C'est d'ailleurs en cela qu'on parle d'un objectif *spécifique*.

La seconde vertu à activer lorsqu'on précise son objectif de recherche est l'audace, la capacité à oser. Ne faut-il pas en effet une bonne dose d'audace pour entamer une recherche sur le coût de l'enseignement fondamental en Communauté française de Belgique alors que de nombreuses instances officielles, politiques ou autres, affirment que cet enseignement est gratuit ? Ne faut-il pas également une bonne dose de courage pour mettre en cause la pratique du redoublement qui est une pratique reconnue et ancrée dans la représentation mentale d'une multitude d'acteurs du champ de l'enseignement ?

Pour un praticien-chercheur, choisir son objectif, c'est donc toujours prendre un certain risque. C'est toujours se mettre en cause. C'est, symboliquement, toujours un peu se mettre en situation de danger.

Voilà pourquoi nous pensons que le choix d'un objectif de recherche implique toujours un équilibrage nuancé entre humilité et audace.

2.7 IDENTIFIER UN CADRE THÉORIQUE

> « L'enthousiasme passionné de Platon dans *La République* s'explique en dernière analyse par le fait qu'à cette époque on avait découvert le sens de l'un des plus grands instruments de toute connaissance scientifique : le concept. »
>
> M. WEBER

Les éléments décrits jusqu'ici ont été présentés sous l'angle de compétences à acquérir. Nous avons vu que si l'on veut mener une recherche à bon port, il faut être capable d'établir un contexte institutionnel favorable ; nous avons vu qu'il faut pouvoir dresser un calendrier de travail précis et prévoir les moyens, matériels, financiers, humains dont il faudra pouvoir disposer ultérieurement. Faire l'effort d'abstraction qui permet de faire émerger un phénomène à partir d'éléments factuels s'est avéré tout à fait indispensable de même, nous venons de le voir, est apparue indispensable cette lucidité personnelle lorsqu'on positionne sa recherche, clairement, dans un angle disciplinaire donné.

Il faudra aussi pouvoir expliciter son objectif de recherche et ensuite construire ses hypothèses. Ce sont donc bien des compétences dans le sens de ces « capacités d'action efficace face à une famille de situations ou de capacités stratégiques, indispensables dans les situations complexes et qui ne se réduisent pas à des connaissances procédurales ».

Pour poursuivre notre cheminement épistémologique et méthodologique, une capacité stratégique essentielle qu'il importe également de maîtriser est la capacité de positionner l'ensemble de sa démarche par rapport à un référent ou à un cadre théorique. Cela est d'une importance primordiale, décisive. L'expérience nous conduit d'ailleurs à cette conclusion apparemment curieuse selon laquelle on ne règle correctement les aspects méthodologiques d'une recherche qu'à la condition d'en maîtriser correctement les dimensions théoriques. Autrement dit, les problèmes méthodologiques, c'est-à-dire la nature des données à récolter ainsi que les modes de traitement de ces données, se résolvent presque d'eux-mêmes lorsque l'on se *réfère* à l'un ou l'autre modèle et lorsque l'on *maîtrise* un cadre théorique.

Voyons donc dans les lignes qui suivent ce que suppose comme attitude intellectuelle la référence à un cadre théorique et quelle est vraiment la finalité de celui-ci. Nous verrons ensuite pourquoi un cadre théorique ne peut pas être confondu avec des éléments de type contextuel qui pourraient parfois lui ressembler. Nous fournirons ensuite quelques conseils dans le but d'aider le praticien-chercheur à identifier le cadre le plus adéquat.

2.7.1 *Définition*

Il est faux de penser qu'un chercheur, quelque soit son champ d'étude et quelle que soit son insertion professionnelle, entame une recherche à partir de rien, invente la signification de chaque mot, établit le sens de chaque concept qu'il utilise, reconstruit à lui seul, comme dans une bulle indépendante, les modèles d'analyse, les articulations théoriques, les règles méthodologiques. Si cela était le cas, le monde de la recherche ressemblerait à un gigantesque puzzle non assemblé, un énorme *patchwork*, une sorte de toile totalement incohérente ; pour un chercheur, tel mot et tel concept auraient telle signification ; pour un autre, ils auraient un sens différent voire contraire au premier et il y aurait de la sorte autant de courants de pensée que de chercheurs ou de recherches. Dans cette optique, chaque praticien-chercheur entamant une étude reconstruirait son propre monde, redéfinirait les notions, les mots, les concepts, les modèles comme s'il était le premier à mener une recherche. Poussée jusqu'à l'absurde, on connaîtrait cette situation aberrante dans laquelle personne ne lirait plus ni ne comprendrait plus personne puisque chaque phrase aurait un sens uniquement pour son auteur. La réalité est heureusement tout autre ; tout au long de l'histoire scientifique, la pensée s'est structurée, organisée. Des courants se sont créés, se sont répandus, imposés. De sorte que, même si les écoles de pensée au sein de chaque discipline scientifique sont variés, encore très nombreux et diversifiés, il n'empêche que de grands cadres théoriques sont à présent identifiables.

Le cadre théorique peut être défini comme un courant de pensée scientifiquement établi, progressivement construit à travers de nombreuses observations et recherches, consolidé par de nombreux chercheurs à travers le monde et reconnu comme valide par la communauté scientifique. Cela ne signifie pas que ces cadres théoriques soient définitifs, immuables, sacrés. Cette conception serait même l'inverse de la pensée scientifique qui a précisément pour but de toujours remettre en cause, c'est-à-dire de falsifier ce qui a précédemment été établi. Pour BOURDIEU, « par définition, la science est faite pour être dépassée » (1987 : 64). Mais cette remise en cause, qui est donc la nature même de la démarche scientifique, ne peut se réaliser que si l'on prend en considération cette pensée antérieure. Si l'on ignore l'acquis préalable, il n'est en effet pas possible de le contester, de l'améliorer. On voit par là que dans le processus de distanciation en cours, la question de la place du cadre théorique dans une recherche est essentielle.

Les praticiens-chercheurs se posent généralement une foule de questions : Quelle place occupe le cadre théorique ? Quelle fonction remplit-il dans une recherche ? Quelle est concrètement son utilité ? Qu'est-ce qui peut finalement constituer un cadre théorique acceptable ? Quel type de textes ? Quel courant d'idées ? Quelle école de pensée ? Comment connaître ces courants ? Comment opérer les choix pertinents ? Comment articuler un référent théorique et des hypothèses de travail ? Quelle est la place de la théorie par rapport à l'observation empirique ? Etc.

Tout d'abord, comme nous l'indiquions précédemment, c'est au sein d'un angle disciplinaire préalablement choisi, c'est-à-dire en tant qu'économiste ou en tant que sociologue, philosophe, communicatologue, politologue, ethnologue, démographe, psychologue, etc., que le chercheur choisit un cadre théorique et mobilise ses ressources. Il l'accepte *tel quel* (la théorie organisationnelle de MINTZBERG ou l'actionnalisme de TOURAINE ou le constructivisme de PIAGET...) ou bien, à partir de plusieurs référents théoriques, il construit lui-même un cadre remodelé mais cohérent auquel il se tiendra ultérieurement tout au long de sa recherche.

Quoiqu'il en soit, il y a bien « référence » : le praticien-chercheur se réfère à un auteur et, cela est élémentaire, il cite ses sources.

2.7.2 *Le cadre théorique, révélateur d'une attitude intellectuelle*

Au bout du compte, ce qui est décisif ici, ce n'est pas le caractère intrinsèquement parfait d'un cadre théorique ; c'est plutôt l'attitude même du chercheur vis-à-vis de cette démarche. Son attitude ou son positionnement intellectuel. Ce positionnement implique en effet différentes choses. Tout d'abord, cela signifie que le chercheur accepte de se situer dans une lignée disciplinaire et théorique. Il comprend qu'il n'est pas le premier à aborder un champ d'étude. Il a la modestie d'aller voir ce que d'autres ont écrit précédemment. La modestie de reprendre à son compte des concepts qui lui seront utiles, des modèles qui ont été réfléchis, travaillés, éprouvés, c'est-à-dire progressivement construits par d'autres chercheurs. L'acceptation d'un cadre théorique tranche donc radicalement avec l'insupportable attitude du « *moi, je recommence tout à zéro* ».

Si le cadre théorique remplit de la sorte une fonction de guide, cela n'est nullement incompatible avec le fait qu'il puisse être contesté, mis en cause, bousculé au terme de la nouvelle observation empirique que le praticien-chercheur va réaliser. Tout au contraire. Par conséquent, il n'est pas nécessaire de trop veiller, au début d'une recherche, au caractère parfait et immuable de celui-ci ; on sait qu'il peut être amendé, mis en cause, voire rejeté.

Un cadre théorique n'est pas nécessairement non plus un « cadre-mammouth » du genre MARX, TOURAINE, KEYNES, PIAGET, FREUD, BOURDIEU, GOFFMAN, DURKHEIM, WEBER, LÉVI-STRAUSS pour n'en citer que quelques-uns parmi les plus célèbres. On peut accepter des cadres disons plus modestes, moins universels, moins connus. La condition est qu'ils se soient développés dans un milieu universitaire, scientifique ou, plus largement, dans un milieu intellectuel reconnu. La question cruciale est celle-ci : les éléments contenus dans ce projet de cadre sont-ils de nature à fournir un éclairage théorique utile par rapport à l'objectif poursuivi dans la recherche ? Cette référence théorique va-t-elle permettre au chercheur d'opérer la nécessaire distanciation, depuis le fait observable jusqu'au phénomène plus abstrait que l'on étudie ?

C'est donc bien une fonction de « tiers distanciateur » que va remplir, tout au long d'une recherche, le cadre théorique ; on voit que cela est fondamental dans les recherches menées par des praticiens-chercheurs.

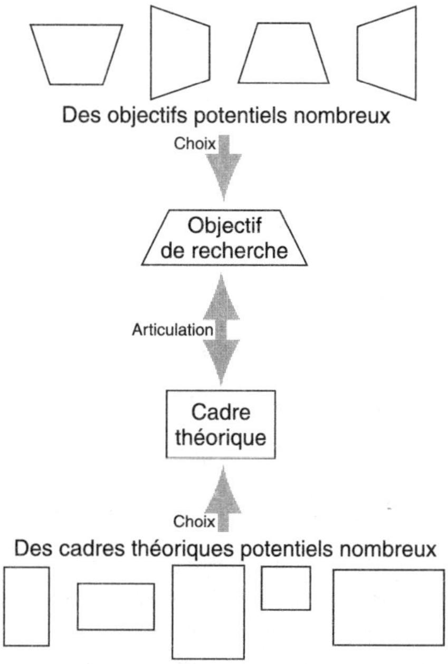

Développons encore quelques aspects à propos desquels notre expérience appelle à la vigilance.

2.7.3 *« Référent » et non « élément de contexte »*

Il convient de ne pas considérer comme cadre théorique un élément de contexte qui ressemblerait à un cadre théorique mais ne serait en réalité qu'un élément (un actant non humain) du champ ; ceci est une erreur que l'on rencontre fréquemment chez des chercheurs néophytes. Prenons par exemple un document comme le « Programme intégré » [19] dans l'enseignement fondamental en Communauté française de Belgique. Un tel document ne pourra pas être considéré par le chercheur comme un cadre théorique car il est lui-même un des éléments constitutifs du champ ; il a en effet été conçu par des acteurs du champ de l'éducation et de l'enseignement, il est le produit de tensions voire de conflits au sein de ce champ, il poursuit des objectifs pédagogiques voire politiques spécifiques et les acteurs se positionnent par rapport à lui. S'il s'agit donc bien d'un « élément théorique » en ce qu'il structure et organise des idées et avance des propositions diverses, il est un matériau constitutif du champ et de ce fait, il ne pourra en aucun cas être considéré en tant que cadre théorique d'une recherche. Apparaît de la sorte un critère complémentaire pour accepter ou non un document en tant que cadre : son auteur fait-il partie du terrain social étudié ? En est-il lui-même un des

19 Document présentant le programme d'étude de l'enseignement fondamental libre conçu autour du développement de compétences.

actants ? Est-il impliqué dans le champ, produit de stratégie d'acteurs ? Si tel est le cas, la plus grande prudence est, au minimum, de rigueur !

2.7.4 *Prendre connaissance de cadres théoriques adéquats*

Parce qu'il est impliqué, souvent depuis de longues années, dans une pratique quotidienne d'investissement professionnel ou dans une action socialement ou culturellement engagée voire militante, le praticien-chercheur se trouve bien souvent dans une position de déconnection par rapport à la théorie. S'il lit, ce sera le plus souvent des prises de position des acteurs appartenant au terrain. Moins fréquemment, il s'agira d'écrits théoriques plus généraux. Le praticien-chercheur possède rarement, cela se comprend aisément, cet état « de veille théorique » qui caractérise le chercheur professionnel qui, presque par définition, se tient à l'affût des plus récents écrits de tel ou tel auteur ou des découvertes les plus neuves au sein des différents courants de pensée. Rappelons-le, nous sommes en présence de deux modèles distincts reposant sur des modes de fonctionnement différents. Il pourra donc apparaître malaisé voire insurmontable aux yeux du praticien-chercheur, surtout s'il ne se trouve pas dans un processus de formation, d'accéder aux cadres théoriques qui conviennent. Comment identifier ces référents théoriques ? Où se trouvent-ils ? Comment y avoir accès, intellectuellement mais également matériellement ? Comment choisir ? Sur base de quels critères ? Autant de questions qui paraissent singulièrement malaisées à résoudre. Il nous semble donc utile de fournir ci-dessous quelques conseils, brefs et simples, qui aident les praticiens-chercheurs à progresser à ce niveau décisif de la recherche.

A. Consulter des ouvrages de synthèse

Tout d'abord, et ceci au risque de surprendre quelques puristes, il nous semble inutile de lire l'œuvre entière de FREUD pour connaître des éléments significatifs de la psychanalyse. Il est inutile d'étudier exhaustivement les volumineuses œuvres de MARX, de TOURAINE, de PIAGET, DE PARETO ou de BOURDIEU pour savoir si ces courants de pensée représentent quelque intérêt par rapport à l'objectif spécifique de la recherche. Des livres de synthèse extrêmement précis peuvent, à ce stade de la recherche, c'est-à-dire en son début, se lire de façon rapide et fournir en peu de temps une idée correcte des paradigmes de base, du corpus théorique et de la spécificité des auteurs en question. Parcourir ces ouvrages de synthèse permet d'opérer les premiers choix et en tout cas, d'éliminer des auteurs et des courants de pensée qui apparaissent non ou peu pertinents par rapport au champ d'étude et par rapport à l'objectif de la recherche. De la sorte, une première sélection peut être opérée qui fera ultérieurement gagner beaucoup de temps.

B. Revues scientifiques

Dans le même esprit, parcourir des collections spécialisées ou des revues de vulgarisation scientifique (par exemple, *Éducation permanente*, *Sciences humaines*, etc.) peut s'avérer d'une grande aide dans le choix d'un cadre théorique. On y trouve fréquemment des tableaux synoptiques présentant les grands courants de pensée dans les différents champs disciplinaires ainsi que des synthèses correctes des uns et des autres. Ce sont des portes d'entrée faciles d'accès et qui permettent de prendre connaissance rapidement des modèles à laisser de côté autant que des référents qu'il serait utile d'approfondir davantage. On y trouve également des bibliographies thématiques bien élaborées.

C. Classements thématiques

Le travail en bibliothèque reste souvent nécessaire. Il faut pouvoir réserver quelques heures ou quelques journées à les fréquenter. Y consulter des bibliographies s'avère extrêmement précieux. Des services pédagogiques existent également dans la plupart des universités, notamment dans les facultés de formation universitaire d'adultes et les praticiens-chercheurs peuvent y consulter des bases de données bibliographiques pertinentes et s'adresser à des personnes ressources qualifiées pour mener des recherches bibliographiques précises. Les revues scientifiques produisent également des index thématiques particulièrement précieux qui peuvent rappeler, par thèmes, les articles produits [20].

D. Internet

Des moteurs de recherche présents sur Internet permettent à présent de parcourir virtuellement des bibliothèques, des bibliographies multiples, des articles, etc. Il faut acquérir et développer le réflexe de la recherche intelligente sur la toile : conserver en tant que *favoris* les moteurs de recherche les mieux structurés ainsi que les sites les plus intéressants (bibliothèques, universités, centres de recherche) ; il peut également être utile de consulter les modalités de recherche *(aide)* de chaque moteur de recherche afin d'insérer les combinaisons de mots les plus optimales.

Après avoir cité brièvement ces quelques modalités d'accès aux référents théoriques, revenons, avec nos deux principales illustrations, sur l'intégration des éléments théoriques au processus de recherche proprement dit.

2.7.5 *Illustration*

Étant donné l'importance de cette question du cadre théorique, attardons-nous en particulier sur l'une de nos deux recherches illustratives, à savoir l'étude consacrée à la motivation d'élèves en situation de redoublement.

Situation 11

Redoublement et motivation : l'aventure « théorique »

La motivation scolaire dans différents courants de la psychologie

Dans l'histoire de la pédagogie et de la didactique, les influences de la psychologie ont été nombreuses : la psychologie behavioriste et la psychologie humaniste sont reconnues pour y avoir occupé une place de choix. De manière à situer davantage les particularités du regard proposé par la psychologie cognitive sur la motivation scolaire, je préciserai ci-dessous les principales zones d'influence des psychologies behavioriste et humaniste sur la conception de la motivation en contexte scolaire.

20 C'est par exemple le cas du volume XXXIII, numéro 3, de la revue *Recherches Sociologiques* dans lequel on trouve regroupés par thèmes tous les articles publiés par la revue entre 1970 et 2002. (Architecture, Armée, Art, Communication, Conflits, Corps, Couple, Culture, Droit, École/Enseignement, Économie, Éducation, Espace, État, Famille, Femme, Histoire de la sociologie, Identité ethnique et culturelle, Identité sociale, Immigration, Industrie/Entreprise, Justice, Langage, Loisirs, Méthodologie, Normes, Pays, Politique, Politiques sociales, Rapports sociaux, Régions, Religions, Ruralité, Santé, Sémiotique, Stratifications sociales, Théories, Travail, Travail social, Université, Utopie, Vie quotidienne, Ville, Violence).

L'influence de la psychologie behavioriste

Le behaviorisme estime que les phénomènes mentaux, parce qu'internes à l'être humain, ne peuvent être directement et objectivement étudiés. Seuls les comportements observables sont des données fiables qui peuvent permettre la découverte de principes, de règles et de lois du comportement humain. Le behaviorisme a fortement imprégné la conception de l'apprentissage aux Etats-Unis et également en Europe.

Selon ce courant, puisque ce ne sont que les comportements observables qui sont fiables, il est essentiel d'examiner, dans une situation d'apprentissage, les performances finales de l'élève ainsi que les stimuli de départ qui sont à l'origine de ces performances. Par contre, les stratégies qui conduisent à ces performances sont pures spéculations et donc manquent de fiabilité.

La motivation y est perçue comme un comportement que des éléments externes — des stimuli — peuvent systématiquement provoquer. Voilà pourquoi, ce courant psychologique a particulièrement développé une conception de la motivation en termes de motivation *extrinsèque* parce qu'elle est influencée par les renforcements ou les récompenses venant de l'extérieur : par exemple, l'espoir d'obtenir un vélo si on réussit ses examens.

L'influence de la psychologie humaniste

Les influences de la psychologie humaniste sur le monde scolaire sont moins perceptibles que celles de la psychologie behavioriste mais elles n'en sont pas pour autant négligeables. On considère généralement la théorie de ROGERS comme la conception psychologique humaniste qui a exercé le plus d'influence. Selon cet auteur, « la personne est réputée connaître ce qui est nécessaire pour assurer sa croissance personnelle. Fondamentalement, elle sait ce qui est essentiel pour sa propre évolution et sa réalisation personnelle. » (ROGERS, 1976 in TARDIF, 1997 : 67).

On comprend pourquoi la psychologie humaniste a contribué à encourager l'enseignant à adopter une attitude non interventionniste à l'égard de l'élève puisque celui-ci sait ce qui est utile à sa croissance. L'enseignant devra, par contre, utiliser une grande partie de son énergie à créer un environnement riche et varié de manière à permettre à l'élève de faire les choix nécessaires à sa croissance.

On ne s'étonnera pas que, dans ce courant psychologique humaniste, la motivation soit conçue en termes de motivation *intrinsèque* : c'est-à-dire qu'elle se trouve à l'intérieur de la personne. Selon cette conception, les actions dans lesquelles une personne s'engage par motivation répondent à des goûts qui lui sont propres ou encore à des besoins intérieurs : par exemple, augmenter l'estime de soi ou vaincre un sentiment d'infériorité.

L'influence de la psychologie cognitive

La psychologie cognitive a pris corps aux États-Unis à la fin des années 1950. MILLER et BRUNER, tous deux professeurs de psychologie à Harvard, en sont les précurseurs. Leur approche cognitiviste est née, en quelque sorte, en réaction au behaviorisme.

Les approches de la psychologie cognitive et du behaviorisme se distinguent essentiellement sur deux plans :

- Sur le plan des méthodes.

  Alors que le behaviorisme se contente d'observer les comportements extérieurs du sujet, le cognitivisme veut ouvrir « la boîte noire » de ses états mentaux : c'est-à-dire des représentations, des images et des concepts. On n'y hésite donc pas à interroger le sujet sur ses démarches mentales pour comprendre les cheminements de sa pensée.

- Sur le plan théorique.

  Le behaviorisme considère que la pensée fonctionne comme une sorte de mécanisme automatique qui enregistre passivement les informations (stimuli) venues du milieu extérieur et y répond par un ensemble d'actions réflexes. La vision de la psychologie cognitive est toute différente. Toute connaissance suppose la sélection et l'interprétation des informations reçues mises en « dialogue » avec les connaissances antérieures.

  La psychologie cognitive est donc attachée à élucider les mécanismes du traitement de l'information par le sujet. De manière plus précise, elle est axée sur l'analyse, la compréhension et la reproduction des processus de traitement de l'information par l'être humain.

Elle tente de comprendre *comment* les humains apprennent, *comment* ils comprennent ou encore *comment* ils parviennent à réutiliser l'information qu'ils ont intégrée.

Le modèle de Viau

C'est dans la perspective cognitive que se situe le modèle de la dynamique motivationnelle proposé par VIAU [21]. Cet auteur propose de définir la motivation comme suit : « La motivation en contexte scolaire se définit comme un état dynamique qui a ses origines dans les perceptions qu'un élève a de lui-même et de son environnement et qui l'incite à choisir une activité, à s'y engager et à persévérer dans son accomplissement afin d'atteindre un but » (VIAU, 1999 : 7).

VIAU soutient donc que la motivation scolaire d'un élève est influencée par trois types de perception : la perception de la valeur d'une activité, la perception de sa compétence à l'accomplir et la perception de la contrôlabilité de son déroulement. Il propose un modèle intégrateur dans lequel il met en interaction ces différentes perceptions et les quatre dimensions permettant de mesurer le degré de motivation d'un élève : le choix d'entreprendre une activité, la persévérance et l'engagement cognitif à l'accomplir ainsi que la performance réalisée par l'élève.

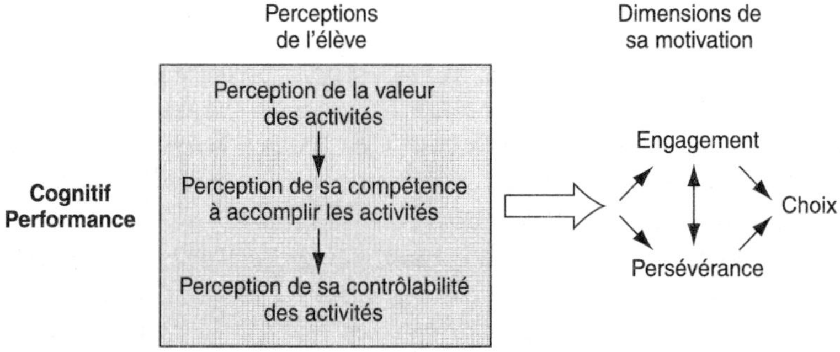

Il s'agit d'un modèle cohérent qui organise clairement différentes causes et dimensions déjà identifiées par la recherche relative à la motivation scolaire. Comme l'écrit VIAU : « Nous avons formé le projet de recueillir le plus d'informations possibles sur la motivation en contexte scolaire et d'établir des liens entre les recherches qui se font dans ce domaine » (1999 : 7).

Dans la perspective de la recherche entreprise, ce modèle ouvrait des pistes intéressantes :

La mise en relation des trois perceptions influençant la motivation scolaire d'un élève : celle de la valeur de l'activité, celle de sa compétence et celle de sa contrôlabilité. Mon expérience professionnelle m'avait déjà amené à observer que les deux premières perceptions influençaient la motivation des élèves mais je n'avais pas encore pris conscience de l'importance de la contrôlabilité dans ces mécanismes d'influence et certainement pas de la relation très forte qui unissait ces trois perceptions.

Comme le soutient VIAU : « La perception que l'élève a de la valeur d'une activité d'enseignement ou d'apprentissage, sa perception de sa compétence à la réussir et sa perception du contrôle qu'il peut exercer sur son déroulement sont des perceptions qui s'influencent mutuellement. Pour comprendre cette relation, on peut utiliser l'analogie des multiplicateurs dans un produit : si un des multiplicateurs est égal à zéro, le produit de la multiplication est également zéro et ce, quelle que soit la valeur des autres multiplicateurs.

De la même façon, si l'une de ces perceptions est mauvaise, la motivation diminue considérablement et ce même si les deux autres perceptions sont bonnes. » (1999 : 35). Il était donc utile de questionner soigneusement les élèves considérés sur ces trois perceptions sans quoi je courais le risque de ne pas appréhender correctement ce qui pouvait être à l'origine de leur motivation ou de leur manque de motivation.

21 VIAU, *La motivation en contexte scolaire*, Bruxelles, De Boeck Université, 1999.

L'identification et la mise en relation des quatre indicateurs de la motivation m'ont donc fournit des indications précieuses dans l'analyse de la motivation des élèves considérés ; une telle description se trouvant au cœur de la recherche qui m'occupait.

Par contre, il s'agit d'un modèle endogène c'est-à-dire qu'il ne tient pas compte de l'influence de l'environnement social de l'élève sur sa motivation. VIAU est conscient de cette absence qu'il considère comme une limite de son modèle : « Dans le modèle que nous avons proposé, nous n'avons pas intégré le support social comme une composante de la motivation, car nous nous sommes limités à des composantes d'ordre psychologique. Cependant, même si la motivation est une caractéristique individuelle de l'élève, les parents ainsi que tous les intervenants en milieu scolaire jouent également un rôle essentiel dans la dynamique motivationnelle » (1999 : 105).

Ajoutons encore que plusieurs auteurs ont montré l'importance de cette influence sociale sur la motivation des élèves :

TARDIF, par exemple, insiste sur le rôle prépondérant de l'enseignant dans la perception de la valeur d'une activité d'apprentissage par l'élève : « Plus l'enseignant rend explicite à l'élève la signification des activités qu'il présente et plus ce dernier reconnaît cette signification, plus il attribue de l'importance à ces activités » (1997 : 118). Le même auteur ajoute : « Ce n'est pas le rôle de l'élève de trouver la signification des activités dans un élan de créativité ; c'est un des rôles majeurs de l'enseignant » (1997 : 120).

Les travaux de KELLERHALS et MONTANDON (1991) relatifs aux stratégies éducatives de 300 familles genevoises sont également éclairants pour expliquer l'éventuelle association entre l'origine sociale d'un élève et sa motivation scolaire.

À partir du modèle de VIAU, lui-même enrichi par les apports des auteurs précisés ci-dessus, un nouveau modèle théorique a été construit. C'est ce dernier qui a permis la formulation de l'hypothèse de recherche et de trois sous-hypothèses.

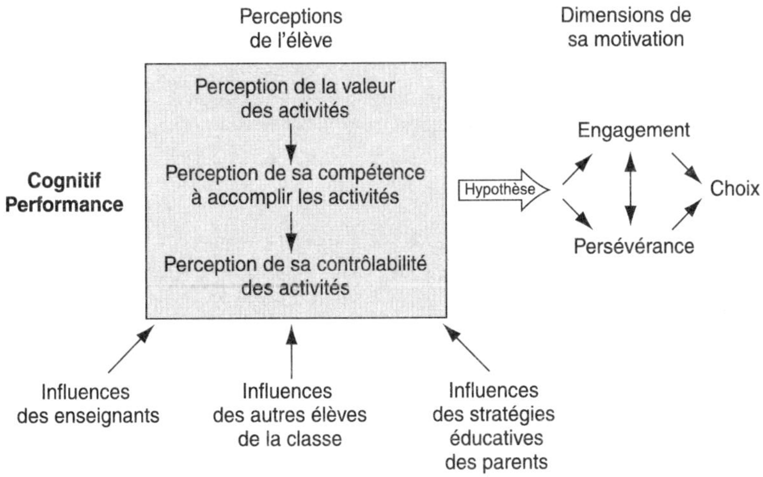

Le processus suivi par GILLARD va du général au spécifique. Il brosse tout d'abord, en lien avec la notion de motivation qui a précédemment émergé comme phénomène, un descriptif des grands courants de la psychologie en ce domaine, behavioriste, humaniste et la psychologie cognitive. Il perçoit une piste théorique intéressante au sein de cette dernière et il s'y engage. C'est la découverte qu'il fait du concept de dynamique motivationnelle. Cet intérêt, GILLARD le situe d'ailleurs explicitement dans une référence à sa pratique puisqu'il écrit que son expérience professionnelle l'avait déjà amené à observer deux perceptions spécifiques (valeur des activités et perception de sa propre compétence) ; il explique ce qui lui semble particulièrement aidant dans ce modèle. Ensuite, à la lumière d'autres acquis (l'influence sociale telle que développée par TARDIF et également par KELLERHALS et MONTANDON), il décrit les limites du modèle. Cela lui permet de complexifier sa réflexion et d'aboutir à un modèle complexe intégrant les acquis de deux cadres théoriques.

C'est ce modèle, cette référence théorique, qui lui permettra comme nous le verrons ultérieurement de poser ses hypothèses de travail.

La seconde illustration est moins explicite sur cet aspect mais il apparaît qu'elle s'inscrit dans le prolongement d'une précédente recherche consacrée aux tensions présentes dans l'école. C'est, d'après l'auteure, l'une de ces tensions (celle qui existe entre la logique de la reproduction et la logique du changement) qui constitue le référent théorique de la nouvelle étude sur les coûts de la scolarité. Elle le précise brièvement comme suit :

Situation 12
La recherche « Coût scolaire »

Le travail que j'ai réalisé dans le domaine des relations enfant-école-famille se situe résolument dans le cadre des théories de la reproduction sociale. Concrètement, la question principale est : l'école peut-elle former et orienter les jeunes sans que leur appartenance familiale soit déterminante dans la réussite ou l'échec ? La tension primordiale qui fait vivre l'école est celle qui oppose son rôle d'instrument de la reproduction des inégalités et celui d'outil de changement de la société ; cette analyse par les tensions est développée dans le livre *L'école vit… au rythme de ses tensions* co-écrit par LANNOYE, MOURAUX et VAN COTTOM (1999).

Les mécanismes qui concrétisent cette reproduction et ce changement sont à l'oeuvre dans divers domaines scolaires, tels les conceptions de l'apprentissage et les pédagogies, l'organisation des filières et des options, les contenus des programmes d'études, les modes d'évaluation, les pratiques de travail scolaire à domicile et, bien évidemment, les relations financières entre les écoles et les familles.

Même s'il n'est pas exposé en tant que tel dans le rapport de recherche, le cadre théorique de la reproduction par l'école est bien présent tout au long de la recherche sur le coût scolaire privé. C'est lui qui justifie l'objet-même de la recherche dans le sens où ce coût constitue un des mécanismes possibles de cette reproduction des inégalités sociales ; c'est lui aussi qui guide le choix des données récoltées et celui des variables explicatives.

Voyons brièvement quelle habileté, quel savoir-être il convient d'activer en ce moment important d'une recherche.

2.7.6 *Savoir-faire et savoir-être : l'empathie*

L'empathie c'est la capacité d'être, de se mettre en position d'écoute. Cette notion est le plus souvent employée lorsqu'il s'agit de mener à bien une entrevue, un entretien de recherche. Nous utilisons ici ce même concept d'empathie dans un contexte bien différent et dans un sens moins fréquent, à savoir la capacité « d'écouter » ce que nous apportent les théories comme éléments utiles et bénéfiques. Au moment où ces théories, par nos lectures, nos rencontres, nos participations à des colloques, arrivent à nous, il nous faut en effet pouvoir en prendre connaissance sans *a priori* ni jugement de valeur. Il faut pouvoir en discerner les points forts et l'originalité par rapport aux autres écoles de pensée et aux autres cadres théoriques. Il faut pouvoir écouter et comprendre en quoi cette théorie nouvellement découverte apporte des concepts, et des articulations pertinentes entre les concepts, c'est-à-dire des modèles, qui sont éclairants et opérants.

Il faut ensuite pouvoir les conserver bien au chaud dans son propre « magasin à théories » et lorsqu'une nouvelle recherche se met en œuvre y retourner chercher ce dont on a le plus besoin, c'est-à-dire la théorie qui sera la plus adéquate par rapport à l'objectif de recherche qui émerge en ce moment.

A. Applications diverses

Ainsi que nous l'avons déjà signalé, notre situation d'enseignant nous met en contact fréquent avec des praticiens-chercheurs opérant un processus de distanciation. Nous avons donc consulté les rapports d'étude que nous avons accompagné depuis quelques années, que ces rapports de recherche se situent ou non dans le cadre d'une formation universitaire d'adultes (dans ce cas, il s'agit de mémoires de fin d'étude) ; dans l'élaboration de la liste ci-dessous nous n'avons pas voulu faire la distinction selon les différents statuts des productions ; ce qui nous semble important c'est que dans tous les travaux cités (même si, comme certains titres l'évoquent, certains d'entre eux se donnent un objectif très spécifique et très particulier), un réel effort a été entrepris par chaque praticien-chercheur afin de rechercher le modèle théorique ou, diront certains, l'appareillage conceptuel le plus [22] adéquat. Parcourons ces recherches et leurs référents.

Le recyclage des déchets sur un site universitaire. La théorie de l'action raisonnée (ou du comportement planifié) de FISHBEIN et AJZEN qui articule les notions de croyances normatives, de motivations à se conformer, de croyance du contrôle.

La pratique de l'inspection dans l'enseignement fondamental. La recherche mobilise les concepts de pilotage (BONAMI et De LANSHEERE), de bureaucratie dans le système scolaire (ETHIER), de compétences des administrateurs de KATZ.

Le monde associatif à Bruxelles. La notion d'identité régionale y est traitée en relation avec celle de dynamique socio-culturelle régionale (BASSAND) et avec celle de citoyenneté urbaine (JACQUIER), elles-mêmes en relation avec la typologie d'habitants proposée par JOYE.

L'implantation d'un système informatique dans une banque. C'est le cadre théorique proposé par VALENDUC qui est ici employé : identification et analyse des systèmes socio-techniques (acteurs sectoriels, acteurs d'entreprises, acteurs externes).

La motivation de se former comme éco-conseiller. Outre le modèle de CROSS visant à la compréhension de la participation des adultes à des activités de formation, ce sont les concepts suivants qui sont mobilisés : celui de motivation au travail de

22 Nous ne prétendons pas que tous ces choix de référents théoriques ont été « parfaits », ni complets, mais ils montrent qu'à chaque fois la démarche de référencement théorique est toujours possible. Par ailleurs, parce qu'ils sont proposés à titre illustratif de cette démarche, les référents théoriques que nous présentons dans ces pages ne figurent pas dans la bibliographie du présent ouvrage.

LEVY-LEBOYER (expectation, instrumentalité, valence) et celui de facteurs déterminants de la motivation à la formation (DUBAR et EVRARD) : niveau de scolarité, effet des situations professionnelles, vision de l'avenir.

Le développement d'une région par la voie du tourisme. C'est le modèle de POLESE qui sert ici de référent théorique : stratégie de développement local, logique spatiale des mutations, analyse des blocages ainsi que celui de DEMAZIERE s'appuyant sur le concept d'initiatives locales pour un développement économique.

Le travail de personnes souffrant d'un handicap dans une entreprise dite « de travail adapté ». C'est le référent de la valorisation de l'épanouissement personnel (LALIVE d'ÉPINAY, RIFFAULT) et aussi celui de la stratification des besoins (MASLOW, HENDERSON) qui sont choisis.

Comprendre les processus d'exclusion sociale et leur intériorisation. Cela renvoie à la problématique de la transmission culturelle, aux stratégies des familles selon leur position sociale (LIÉNARD, SERVAIS) ainsi qu'aux notions de précarisation, de déqualification, de pauvreté (HIERNAUX, BODSON).

Proche de la précédente étude, il s'agit ici pour un praticien-chercheur, intervenant social en formation, de mieux comprendre *le phénomène de transmission des pratiques sociales et symboliques au sein d'une population de minimexés.* Les notions de pauvreté et de déqualification (PAUGAM, BREBANT) sont ici employées ainsi que le cadre proposé par HIERNAUX dont le modèle distingue en tant que facteur explicatif le défaut individuel, l'accident individuel, l'accident structurel, le fonctionnement socio-économique.

La formation des enseignants dans l'enseignement fondamental et en particulier l'appropriation par les enseignants d'éléments de la discipline sociologique. Le chercheur mobilise là des éléments concernant la construction même de la sociologie (BERTHELOT) et une approche des diverses écoles qui la constituent (ANSART).

Le processus de démocratisation au sein d'un organisme mutualiste. L'organisation est saisie en tant qu'ensemble humain, ordonné, hiérarchisé (BERNOUX) et les concepts de centre opérationnel, de sommet stratégique, de ligne hiérarchique, de technostructure (MINTZBERG) sont également mobilisés.

La participation du citoyen au niveau du pouvoir local. On y travaille les degrés de participation partisane (DUVERGER) ainsi que les notions de dépolitisation, d'indifférence, de désaffection (REMOND) et ceux d'hédonisme et de culture de masse (BELL) ; la distinction entre culture paroissiale, culture de sujétion et culture de participation (ALMOND et VERBA) est aussi d'une aide précieuse.

Une analyse concrète de pratiques d'éducation permanente. Les apports de SCHWARTZ et DEMAZEDIER sont essentiels : l'éducation permanente par rapport à éducation initiale, éducation des adultes, éducation continue. La distinction de PAIN est aussi d'une grande utilité (éducation formelle, informelle, non formelle).

Les représentations sociales des policiers et des jeunes. Cette recherche implique un travail théorique approfondi sur la notion même de représentations sociales : en tant que produit, en tant que processus, en tant que mode de pensée ainsi que l'indique JODELET.

L'implantation de la qualité totale dans une grande entreprise industrielle. Ce sont les modalités de communication qui sont ici traitées et notamment les différents types de paradoxes, d'injonctions, les doubles contraintes (WATZLAWICK) ; le modèle de VARGAS est aussi mobilisé : discours officiel, langage des structures, liens de dépendance affectifs.

Les acteurs et les enjeux de la santé comme fonction collective. On travaille ici la question des fonctions collectives dans une économie de marché (COBBAUT) et la déstabilisation de ces fonctions collectives comme la santé. Des auteurs comme REMAN, CARTON, PEEMANS-POULLET ont, en Belgique, exploré cette question et fournissent de la sorte un référent théorique mobilisable.

La mise à l'emploi de jeunes chômeurs et de jeunes exclus dans le secteur de la construction. La question est on ne peut plus concrète et spécifique mais une fois encore des référents théoriques extrêmement utiles peuvent être mobilisés : l'analyse de l'exclusion sociale et du sous-prolétariat (VERCAUTEREN) ; celle des zones de cohésion sociale (les niveaux de l'intégration, de la vulnérabilité et de l'exclusion) (CASTELLS) ; la distinction entre l'insertion économique, sociale, symbolique (DUBET) ainsi que la mise en relation entre exclusion et immigration (FERREOL, ALALUF) sont aussi mobilisées.

Le lien entre la situation de chômage et le suicide. Cherchant à approfondir le lien entre les deux situations, le praticien-chercheur introduit des variables de médiation [23] telles que l'estime de soi, le support et le soutien moral. Dans cette démarche, divers auteurs sont mobilisés : HARTLEY, COOPERSMITH, GENTRY et KOSABA, OVERHOLSTER.

Les performances scolaires dans l'enseignement professionnel. Les ouvrages de GROOTAERS et de REA en dressent le cadre institutionnel et social et la question de la reproduction est vue au travers des écrits d'auteurs tels que HIRTT et KERKOFFS, et ceux de LITT, VANHAECHT, CHARLOT.

Nous pourrions poursuivre cette énumération et prolonger cette liste à l'infini mais ce que nous voulions montrer à travers ces multiples cas concrets d'études menées par des praticiens-chercheurs, ce que nous voulions simplement indiquer ici est le fait qu'une interrogation, même si elle est concrète, spécifique, très particulière, très localisée, c'est-à-dire *singulière* va toujours pouvoir trouver (ou s'articuler avec) un éclairage théorique qui lui permet précisément de s'extraire de ce spécifique, qui lui permet de *généraliser*, non pas nécessairement dans le sens statistique du terme, mais dans le sens épistémologique du terme. Même si le chercheur s'est penché sur la situation de quelques exclus dans une localité extrêmement précise ou même s'il s'est intéressé à la reproduction sociale dans une école ou même dans un groupe-classe, par cet effort de médiation théorique qu'il va accomplir, il lui est possible de s'extraire de cette singularité pour atteindre un niveau de généralité. S'il n'opère pas de la sorte, alors il reste au niveau du cas concret, au niveau du factuel, au niveau du singulier et la recherche ne pouvant s'extraire de cette singularité restera à un niveau descriptif.

23 Nous définissons cette notion de variable de médiation dans la partie de ce livre consacrée à l'élaboration des hypothèses.

2.8 Intégrer les éléments du cadre théorique dans l'hypothèse

2.8.1 *Définition*

Il ne suffit pas de « trouver » un cadre théorique. Encore faut-il pouvoir identifier, au sein de ce cadre, les éléments qui sont de nature à enrichir la réflexion et plus particulièrement l'hypothèse de travail. Des éléments qui ouvrent des pistes nouvelles, qui laissent apercevoir des horizons auxquels on n'aurait pas pensé, qui fournissent des idées qui enrichissent, qui précisent ou donnent un sens spécifique à l'un des termes de l'hypothèse. Apparaît donc ici la capacité du praticien-chercheur à maîtriser et à *mobiliser* un référent théorique, pertinent par rapport à l'objectif de recherche et inspirateur de ses hypothèses.

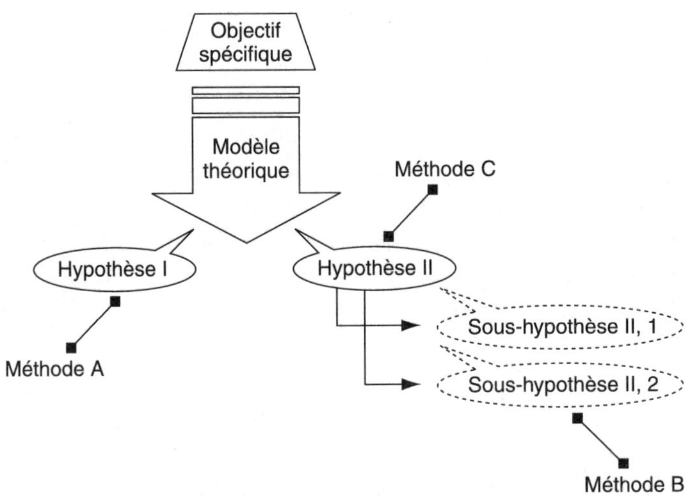

Nous partageons le point de vue de BERGONNIER-DUPUY[24] pour qui le choix de l'étayage théorique permet de sélectionner les concepts-clés et de poser un ensemble organisé de propositions partielles et provisoires (hypothèses). Plutôt que de théoriser sur cette question, laissons une fois encore une large place aux illustrations et en particulier à la recherche « Redoublement et motivation » de GILLARD qui nous a déjà montré ci-dessus combien la maîtrise du cadre théorique permet de construire, d'imaginer et d'enrichir les hypothèses de travail. Revenons un instant sur le caractère *intégré* de cette illustration.

24 BERGONIER-DUPUY, « La construction d'un objet de recherche », *Le Monde de l'éducation*, mars 2000 : 66.

2.8.2 *Illustration*

Situation 13
Redoublement et motivation : théorie et hypothèse

Ayant construit le modèle présenté ci-dessus, les hypothèses de travail à tester dans le cadre de l'observation empirique qui allait suivre, en quelque sorte, « coulaient de source ».

Notre hypothèse de recherche se formule de la manière suivante :

> « La deuxième année complémentaire, organisée au premier degré de l'enseignement secondaire, affecte négativement la dynamique motivationnelle des élèves qui l'ont entreprise en raison des perceptions négatives que ceux-ci développent de la valeur des activités proposées en classe, de leur compétence à les accomplir et de leur contrôlabilité dans leur accomplissement. »

Comme le montre le schéma de synthèse, il est possible d'y adjoindre plusieurs sous-hypothèses de recherche :

> « Chez les élèves ayant entrepris une deuxième année complémentaire, les perceptions liées à leur motivation scolaire sont influencées par leurs enseignants (sous-hypothèse n° 1), par les autres élèves de la classe (sous-hypothèse n° 2) et par leur milieu familial (sous-hypothèse n° 3). »

C'est en nous appuyant sur les différents éléments présentés dans le cadre théorique (en particulier, les éléments relatifs à la dynamique motivationnelle telle qu'elle est présentée par VIAU et ceux que la recherche actuelle a établi au sujet de la problématique du redoublement d'une année scolaire) que nous avons fait l'hypothèse qu'une deuxième année complémentaire affecte négativement la dynamique motivationnelle de l'élève qui l'a entreprise et ce, en raison des perceptions négatives qu'il a de lui-même dans l'accomplissement des tâches scolaires : ses perceptions sont influencées par les stratégies éducatives familiales, les avis des professeurs et les opinions des autres élèves de la classe.

Selon le modèle de VIAU, cette perception négative entraînera l'élève à ne pas s'engager sur le plan cognitif dans l'accomplissement des activités d'apprentissage qui lui seront proposées et — a fortiori — à ne pas persévérer dans cet accomplissement. Cet état de choses affectera négativement ses performances, ce qui créera un contexte défavorable qui ne fera qu'amplifier un effet négatif sur ses perceptions.

Lorsqu'on relit avec attention l'hypothèse de base de GILLARD, il est évident que certains concepts n'ont pu être affinés que grâce à l'apport du cadre théorique choisi : dynamique motivationnelle, perceptions négatives, valeur. D'autres concepts clés sont apparus notamment celui de contrôlabilité qui, nous le verrons plus tard, revêtira une importance singulière dans cette recherche. Voyons à présent quel type de savoir-faire il faut ici mettre en œuvre.

2.8.3 *Savoir-faire et savoir-être : l'adaptabilité et la continuité*

Dans cette phase de maîtrise active et dynamique du cadre théorique, il convient d'opérer une sorte de passage, de transition, de transfert depuis des éléments conceptuels et théoriques existants en tant que tels dans des textes de nature théorique vers leur application personnalisée et sur mesure, pour sa propre recherche. Il faut donc pouvoir *s'approprier* des outils, des notions que parfois l'on découvre ; il faut en fait pouvoir les réutiliser pour soi-même c'est-à-dire les réintroduire dans une réflexion personnelle et les attacher à son propre objectif de recherche. Il faut en d'autres mots pouvoir faire un lien entre ce qui a été écrit par un auteur ayant parfois élaboré sa théorie dans un autre pays, à une autre époque, dans un contexte donné et la préoccupation bien présente et actuelle qui est la nôtre aujourd'hui.

En procédant ainsi, le praticien-chercheur s'inscrit dans une lignée, dans une communauté de pensée qui possède aussi une forme de continuité ; le modèle auquel il se réfère a été construit en d'autres lieux, à un autre moment, par un tenant de la même discipline ; la typologie que l'on a découverte a été construite par rapport à un autre champ d'étude mais le chercheur pressent qu'elle sera d'une grande utilité pour mieux comprendre le champ qu'il investigue à présent ; des concepts ont été employés, créés, pour appréhender et caractériser tel phénomène mais le praticien-chercheur subodore qu'il pourra les utiliser à son tour dans l'étude de son propre phénomène. Cette pratique peut créer une sorte de satisfaction et même faire naître une forme de joie : ces illustres concepts dont on sait la notoriété et dont prend connaissance, dont on connaît l'importance quasiment historique (pour mieux comprendre, pensons pêle-mêle à des concepts-clés comme capital culturel, habitus, principe d'identité, accommodation, réflexivité, configuration organisationnelle), ces concepts, ces grilles, ces classements, le praticien-chercheur va pouvoir décider de les reprendre à son compte, il va pouvoir les utiliser à son tour, se les approprier, les intégrer dans sa propre réflexion par rapport à son propre objectif. Il n'y a pas de crainte ou de réticences à avoir par rapport à cette démarche : ces concepts, ces grilles, ces classements sont là pour cela ! Ils ont été construits à cette fin, pour que d'autres chercheurs les emploient, les appliquent, les utilisent et se les approprient.

2.9 Définir son hypothèse de recherche

Il est amusant de constater que la conception même que l'on se fait d'une recherche (plutôt inductive et sans hypothèses précises *versus* déductive et reposant sur une hypothèse de recherche clairement formulée) dépend souvent du statut de celui qui se prononce. Il arrive en effet que des chercheurs professionnels, c'est-à-dire qui développent leurs pratiques de recherche dans un centre universitaire et ont la chance de pouvoir fonctionner dans une perspective de long terme (bien que cette perspective du long terme soit malheureusement de moins en moins fréquente dans nos universités), tienne une position du genre *« soyons inductifs », « partons des faits », « pas besoin d'hypothèse au début de la recherche »*. On peut comprendre que dans le contexte organisationnel qui est le leur, rien ne presse vraiment et il est vrai que des approches exploratoires pourront faire émerger des hypothèses particulièrement originales qu'il sera toujours loisible, les années ultérieures, de tester dans une approche déductive plus rigoureuse.

Encore faut-il pouvoir travailler dans la durée pour tenir de tels propos et mener pareilles recherches. Pouvoir consacrer quelques mois, quelques années à une démarche strictement inductive ou exploratoire suppose que le chercheur ait suffisamment de temps devant lui. Cela n'est certainement pas la situation la plus fréquente du praticien-chercheur, cet acteur social qui est pris dans le feu de multiples actions et qui sera chargé par son organisation de mettre en œuvre la recherche la plus scientifique qui soit certes, mais toujours dans des contraintes strictes de temps et de budget. Lui n'a malheureusement guère le temps de « faire de l'exploratoire ». Il doit aller à l'essentiel. Si bien qu'au bout du compte, et ceci est d'ailleurs assez paradoxal, c'est au praticien-chercheur, au chercheur *occasionnel*, qu'il revient de mettre en œuvre, dès le début d'un processus de recherche, les bases les plus rigoureuses, c'est-à-dire de définir avec la plus extrême précision son objectif de recherche, son cadre théorique et ses hypothèses de travail.

Cette constatation étant faite, voyons à présent comment peuvent se formuler des hypothèses et quelles sont les compétences qu'il convient de mobiliser dans cet exercice.

2.9.1 *Définition*

Dans la pratique d'une recherche, il arrive qu'on ne puisse clairement faire la différence entre l'objectif spécifique d'une part et les hypothèses qui en découlent d'autre part. C'est le cas si l'objectif est défini et formulé de façon stricte et pointue ; il est alors effectivement proche de l'hypothèse. Retenons cependant qu'un objectif de recherche est généralement formulé de manière plus large qu'une hypothèse ; retenons également que cette dernière est formulée sur un mode affirmatif plutôt qu'interrogatif

Rappelons aussi que l'hypothèse est une proposition, vraisemblable (si tel n'était pas le cas, mener une recherche sur cette base serait absurde et ne présenterait aucun intérêt), mais néanmoins douteuse (si aucun doute ne subsistait, il n'y aurait plus rien à étudier) et qui sera testée (dans le sens d'une confirmation ou dans le sens d'une infirmation), par le biais de l'observation empirique qui suit.

Dans *Apprendre à chercher*, trois types d'hypothèses sont distingués (ALBARELLO, 2003 : 46 à 49). Reprenons-les brièvement :

a) Les hypothèses supposant l'existence d'une situation, d'un fait, d'un phénomène donné, d'une tendance ou d'une évolution ; par exemple, un praticien-chercheur pose l'hypothèse que les travailleurs sociaux des CPAS ne recourent pas (ou de moins en moins) au contrat d'intégration ; un autre chercheur pose l'hypothèse que des besoins sociaux d'un type nouveau sont en voie d'apparition dans une localité donnée. Dans ces deux exemples, on ne cherche pas à *expliquer* un phénomène mais simplement à démontrer son existence sur laquelle, au moment de la recherche, plane encore un doute.

b) Les hypothèses supposant l'existence de liens logiques, d'une convergence entre deux situations ou entre deux phénomènes ; par exemple, un praticien-chercheur pose l'hypothèse du rôle accru des comités de quartiers dans un centre urbain et *simultanément* le développement d'une attitude plus favorable à la participation de la part des mandataires politiques constituant l'élite locale au sein de ce centre urbain, sans qu'il n'y ait nécessairement de liens entre les deux phénomènes. Nous ne saurons donc pas au terme de la recherche si un facteur a influencé l'autre (l'action de l'élite locale renforçant un courant participatif ou, à l'inverse, la présence de comités d'habitants participatifs poussant l'élite locale à accepter et à soutenir ces actions), mais nous établirons que, dans un certain contexte, les deux phénomènes s'observent simultanément.

c) Les hypothèses concernant des relations entre phénomènes. Il peut notamment s'agir d'une relation de type causal entre une variable que l'on nomme dépendante et une variable appelée indépendante. La variable *dépendante* est celle dont on essaye précisément de savoir de quoi elle dépend et à l'inverse la variable dite *indépendante* est celle dont on pense qu'elle exerce une influence sur la variable dépendante. Dans le cas où un tel lien entre les deux variables est prouvé, c'est l'ensemble du phénomène qui est mieux connu et par conséquent l'ensemble du champ. C'est le cas du praticien-chercheur qui pose l'hypothèse d'une influence du milieu social sur la fréquentation des bibliothèques publiques. Nous développons d'ailleurs cet exemple, ainsi que quelques autres, dans un chapitre suivant.

Nous ajoutons à présent deux nouveaux types d'hypothèses qui font appel à d'autres formes de variables.

a) Le modèle causal simple entre deux variables tel que nous l'avons présenté ci-dessus peut être complexifié par l'introduction d'une *variable intermédiaire* que les sociologues dénomment généralement « variable explicative » et que les psychologues dénomment « variable de médiation ». BRAUER (2000) décrit ce type de variable comme suit :

« Une variable médiatrice (M) est une variable qui intervient entre la variable indépendante (X) et la variable dépendante (Y) de sorte que la variable indépendante exerce un effet sur la variable médiatrice et la variable médiatrice exerce un effet sur la variable dépendante. L'effet de la variable indépendante sur la variable dépendante est indirect car il est transmis par la variable médiatrice » (663).

b) Un autre type de variable peut être considéré dans la construction de l'hypothèse (ou du modèle hypothétique) : elle peut être dénommée « variable de contexte » par les sociologues et « variable modulatrice » par les chercheurs en psychologie. Citons encore BRAUER :

« Une variable modulatrice (Z) est une variable qui module l'effet de la variable indépendante sur la variable dépendante. L'effet de la variable indépendante sur la variable dépendante dépend de la variable modulatrice car l'effet de la variable indépendante sur la variable dépendante est différent selon les niveaux de la variable modulatrice. »

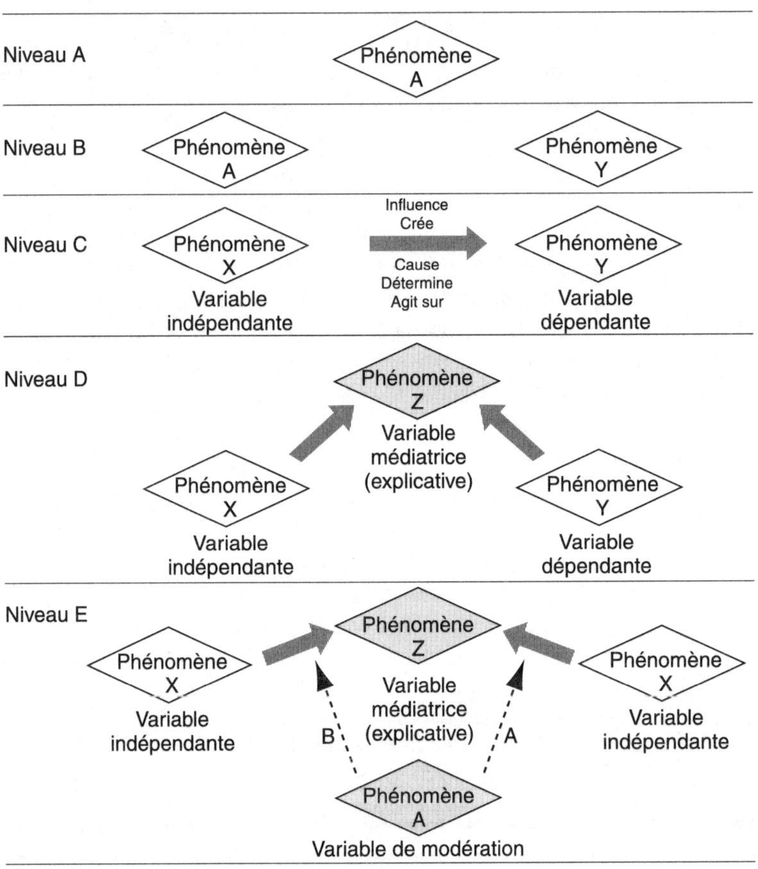

Sur la définition de leurs hypothèses examinons une nouvelle fois les deux illustrations de GILLARD et MOURAUX.

2.9.2 *Illustration*

Situation 14

Redoublement et motivation : des hypothèses opérationnelles

Afin de souligner le fait que l'hypothèse s'enracine profondément dans un cadre théorique, nous avons exposé ci-dessus quelle était l'hypothèse de base de la recherche de GILLARD. Pour faciliter la démonstration qui suit, nous la reproduisons à nouveau : « *La deuxième année complémentaire, organisée au premier degré de l'enseignement secondaire, affecte négativement la dynamique motivationnelle des élèves qui l'ont entreprise en raison des perceptions négatives que ceux-ci développent de la valeur des activités proposées en classe, de leur compétence à les accomplir et de leur contrôlabilité dans leur accomplissement.* »

Dans les lignes qui suivent, le praticien-chercheur décrit quelques caractéristiques de son hypothèse et il montre également comment tout le travail d'observation empirique, qu'il s'agisse de la récolte des données ou des modalités de leur analyse, a été déterminé par la forme même que revêt l'hypothèse.

Nous avons veillé à ce que les hypothèses précédemment décrites soient claires et formulées de manière non ambiguë. Elles sont hiérarchisées en une hypothèse principale et en trois sous-hypothèses.

Pour la suite de la recherche, ces hypothèses constituent un fil conducteur très opérationnel et ce, à plusieurs niveaux :

- D'abord, au niveau du recueil des données, lors des entretiens : en effet, les hypothèses ont servi de cadre de référence à l'élaboration du guide d'entretien dans lequel se retrouvaient les différents éléments constitutifs des hypothèses à vérifier (l'engagement cognitif, le choix d'entreprendre les activités, la persévérance et les performances ; la perception de sa compétence par l'élève, la perception de sa contrôlabilité, la perception de la valeur du cours ; l'influence du professeur, des autres élèves et celle des parents.)
- Ensuite, au niveau de l'analyse qualitative des entretiens : après un travail d'analyse catégorielle de ceux-ci, nous avons procédé à une analyse transversale des différentes catégories en trois phases que la formulation des hypothèses nous a aidés à identifier (l'analyse des quatre dimensions de la motivation scolaire de l'élève, l'analyse des perceptions des élèves interviewés et l'analyse de l'influence du professeur, des autres élèves de la classe et des parents.)
- Enfin, nous avons articulé les résultats de ces analyses d'entretiens avec nos hypothèses de recherche ; et ce, en distinguant cette articulation pour notre hypothèse principale et pour les trois sous-hypothèses qui lui sont liées.

Situation 15

Le coût scolaire : des hypothèses de travail

Pour la seconde recherche considérée à titre d'illustration, autant nous avons vu précédemment que celle-ci s'inscrivait effectivement dans une réalité sociale et une stratégie socio-politique (l'émancipation et la dualisation de l'école), autant nous pouvons également remarquer dans les lignes qui suivent qu'elle définit des hypothèses de travail claires et précisément explicitées qui serviront de réel fil conducteur pour toutes les étapes suivantes.

Les hypothèses de la recherche peuvent être posées comme suit :

- L'article 100 du décret sur les missions de l'école est effectivement appliqué dans les écoles.
- L'application de l'article 100 permet une clarification / une simplification / une diminution du coût scolaire privé.
- Les écoles encouragent les pratiques d'économie et de solidarité.
- Ces pratiques sont actives dans la réduction du coût scolaire privé et des inégalités entre écoles et entre familles.

2.9.3 *Savoir-faire et savoir-être : la créativité et la simplicité*

À ce moment du processus de recherche tel que nous venons de le décire, le praticien-chercheur dispose des éléments qui lui permettent d'élaborer son hypothèse : articulé éthiquement à une interpellation du terrain et à une problématique ou un enjeu social quelconque, il a progressivement fait émerger et il a pu expliciter l'objectif spécifique de sa recherche ; ensuite, il a identifié le(s) cadre(s) théorique(s) qui semble(nt) convenir par rapport à cet objectif ; au sein de ce référent, il a repéré un ou plusieurs concepts particulièrement puissants et y a également pris connaissance d'un ou de plusieurs modèles originaux. Il dispose donc des éléments nécessaires à partir desquels son hypothèse va être écrite, explicitée, circonscrite.

Mais avoir pu identifier parmi un grand nombre de concepts certains d'entre eux dont on pense qu'ils seront particulièrement novateurs, avoir perçu que telle typologie ouvrirait une piste jusque là insoupçonnée, avoir imaginé que ce modèle ou cette organisation de la pensée serait potentiellement fécond, avoir pressenti que tel agencement spécifique entre différents éléments s'avérerait original, etc., toutes ces démarches ne sont pas mécaniques, techniques ; elles exigent au contraire de la créativité et une forme d'originalité intellectuelle qui consiste bien souvent à établir des liens entre des éléments qui ne sont habituellement pas liés entre eux, même si fréquemment *a posteriori* ces liens apparaîtront évidents et logiques.

Des opérations de cette nature ne sont pas fréquentes dans la vie quotidienne des acteurs sociaux et même si des hypothèses sont parfois posées, elles le sont dans le sens courant du terme (*on suppose que*...). Nous savons qu'il n'est pas simple de réaliser de telles opérations qui doivent pourtant être tentées au moment précis où s'élaborent les hypothèses de travail. Un praticien-chercheur s'exprime à ce propos :

> « L'importance de cette distanciation permettant un autre regard sur les mêmes faits sociaux non plus seulement considérés comme signes extérieurs, comme vécus d'acteurs, mais comme éléments d'une proposition mise en relation et dont ces liens doivent être testés par le chercheur avec rigueur, pondération, exigence scientifique. »

Par ailleurs, en ce qui concerne la formulation proprement dite de l'hypothèse, nous faisions déjà référence dans *Apprendre et chercher* (ALBARELLO, 2003), à cette importante vertu qu'est la simplicité non pas du réel (qui est complexe) mais bien de la pensée. Et nous citions COMTE-SPONVILLE (1998 : 202) à ce propos :

> « Mieux vaut une « vérité simple et naïve », comme disait Montaigne, proportionnée certes à la complexité du réel, quand il le faut, mais sans lui ajouter les embrouillements de notre esprit ni la confondre avec eux. L'intelligence est l'art de ramener le plus complexe au plus simple et non l'inverse. Intelligence d'Epicure, intelligence de Montaigne, intelligence de Descartes... Et intelligence, aujourd'hui de nos savants. Quoi de plus simple qu'$E = mc^2$? Simplicité du réel, même complexe ; clarté de la pensée, même difficile. »

2.9.4 *L'hypothèse dans l'étude évaluative*

Lorsque nous avons présenté notre point de vue sur la nécessité d'opérer un choix disciplinaire, nous avons fait référence à un type particulier de recherches qui, certainement dans les pays occidentaux, tend à se développer actuellement, à savoir la recherche évaluative et plus particulièrement l'évaluation des politiques publiques.

Notre but n'est évidemment pas ici de décrire l'utilité, les finalités, ni les procédures constitutives de cette approche tout à fait spécifique mais d'indiquer que même dans ce cas, les praticiens-chercheurs amenés à la mettre en œuvre ont intérêt à préciser leurs hypothèses de travail. C'est d'ailleurs généralement ce qu'ils font qu'il s'agisse d'évaluateurs externes (les chargés de mission travaillant au sein de centres de recherche ou au sein des cabinets privés) ou qu'il s'agisse d'évaluateurs internes (plus proches de notre notion de praticiens-chercheurs, puisqu'il s'agit de personnes ayant une fonction au sein des organismes et des administrations qui initient une évaluation et qui sont chargées de l'organiser et de la mener à bien). Nous partageons ici la conception de VARONE et JACOB qui, dans leur état des lieux et leurs perspectives (2003), indiquent bien qu'évaluer une politique publique consiste à mesurer et à apprécier les effets propres de celle-ci et que par conséquent, l'évaluateur développe analytiquement et teste empiriquement un modèle de causalité (ou modèle d'évaluation ou modèle d'intervention) qui vise à rendre compte du fonctionnement effectif de la politique, c'est-à-dire à appréhender une politique donnée comme une suite de causes et d'effets, d'actions humaines, de réactions. Implicitement ou explicitement, toute politique publique s'inscrit donc dans une logique d'action qui comprend les causes du problème, les mesures que l'État ou l'administration va prendre pour y faire face. De la sorte, écrivent-ils, toute politique peut être reconstruite analytiquement et interprétée en fonction de relations hypothétiques. Dès lors, la tâche de l'évaluateur consiste à reconstruire dans son modèle de causalité, la logique d'action de la politique évaluée.

Le modèle de l'évaluateur doit ainsi permettre d'établir des relations plausibles entre les données du problème collectif à résoudre, les objectifs visés par la politique, les changements de comportements des groupes ciblés par la politique, les effets induits auprès des bénéficiaires finaux. Il s'agit donc, écrivent VARONE et JACOB,

> « d'expliciter, d'objectiver et, si possible, d'intégrer dans un modèle causal les hypothèses pratiques sur lesquelles se base la politique, mais aussi les facteurs contextuels qui influencent le comportement des autorités publiques et destinataires privés de la politique » (2003 : 14).

On voit donc clairement que même si elle porte le nom de recherche évaluative, ce type de démarche de plus en plus fréquemment menée par un type spécifique de praticiens-chercheurs, remplit bien les conditions qui selon nous constituent une démarche scientifique et notamment la présence d'hypothèses que le chercheur prendra soin de faire émerger clairement, précisément, explicitement au début de son évaluation.

2.9.5 *La place des acteurs de terrain dans la construction de l'hypothèse*

Certains chercheurs souhaitent réserver une place centrale aux acteurs de terrain au point de vouloir les intégrer dans le processus même de construction des hypothèses de la recherche. Ils parlent alors de recherches participatives, le terme similaire ou proche de *recherche-action* ayant été quelque peu délaissé. Par rapport à ce souhait d'inscrire les acteurs dans le processus de recherche, notre point de vue est le suivant : l'avis (et la vie) des acteurs du terrain occupe une place centrale et décisive dans le processus de recherche au moins aux deux niveaux suivants. Tout d'abord, nous l'avons vu, au début de la démarche, le praticien-chercheur se met à l'écoute du terrain ; il se laisse approcher, envahir par les interpellations des actants qui constituent celui-ci ; c'est donc bien une place centrale qui revient aux acteurs du champ. Les deux illustrations que nous suivons pas à pas ont bien démontré ce fait. Rappelons-nous à quel point GILLARD et MOURAUX ont tenu compte des interpellations des acteurs — les enseignants, les élèves pour le premier, les parents, les familles pour la seconde — pour définir leur champ d'étude. On a vu aussi à quel point ils tiennent comptent des avis d'autres d'acteurs — des pédagogues, des animateurs pour le premier, des instances politiques, des associations pour la seconde — pour définir leur objectif de recherche, pour en saisir la pertinence, la force, l'intérêt, l'utilité sociale.

D'autre part, les acteurs sociaux vont également occuper une place tout à fait décisive lorsqu'il s'agira, sur base de l'hypothèse, de mener l'observation empirique. Même si nous n'abordons pas ici directement[25] cet aspect, quelle que soit la technique employée — qualitative avec des entretiens de recherche, des récits de vie, des études de sites, l'observation participante, etc. ou quantitative, avec des enquêtes par questionnaires et sur base d'échantillons — l'avis des acteurs, leurs opinions, leurs pratiques, leurs représentations seront recueillis et analysés. De la sorte, on peut encore considérer que les acteurs sont bien au coeur de la recherche en sciences sociales.

Quant à savoir s'il faut les intégrer de façon concrète à l'explicitation des hypothèses, c'est-à-dire discuter avec certains acteurs sur le bien fondé, sur la formulation ou sur la complexité de telle ou telle hypothèse, cette pratique nous semble assez ambiguë. Car dans ce cas, l'acteur n'est plus considéré en tant qu'acteur mais en tant qu'aide-chercheur ; il occupe alors une autre fonction et remplit un autre rôle, celui de personne ressource ou, plus engagé encore dans la recherche, celui d'auxiliaire de recherche. Tâchons donc de ne pas confondre les rôles.

Nous verrons dans un prochain chapitre comment il nous semble possible d'acquérir et d'exercer les compétences et les habiletés que nous venons d'énumérer au fil de ces pages. Avant de passer à cet éclairage pédagogique, approfondissons encore un peu, via d'autres illustrations, la construction de l'objet de recherche.

3. Conclusions

3.1 La subjectivité du chercheur

Certains paires de mots sont apparemment contraires et du fait de cette apparence sémantique, elles sont ambiguës voire même intellectuellement dangereuses. Pourtant, dans le langage courant des mots sont parfois employés à mauvais escient comme contraires l'un de l'autre. Par exemple, « désinformer » n'est pas le contraire du mot ou de l'action d' « informer ». Ou « méconnaître » ne désigne pas l'exact opposé de « connaître ». C'est aussi le cas des notions de déductif et d'inductif souvent employées en tant qu'exclusive l'une de l'autre ; comme si une démarche était nécessairement soit de type déductif (aller du général au particulier), soit de type inductif (aller du particulier au général) ; cette conception, très souvent entendue, est à notre sens fondamentalement abusive car plutôt qu'opposées, les deux démarches de l'induction et de la déduction sont bien souvent complémentaires et menées simultané-

25 Pour un panorama des techniques d'observation empirique en sciences humaines, nous renvoyons à l'ouvrage de Luc ALBARELLO *Apprendre à chercher. L'acteur social et la recherche scientifique*, Bruxelles, De Boeck, 2003, 2e édition.

ment. LALANDE (204) confirme ce point de vue lorsqu'il écrit que la division du raisonnement en déduction et induction recouvre des idées confuses.

En regard de notre exposé, nous voudrions, attirer l'attention sur deux autres mots généralement utilisés en tant que contraires l'un de l'autre : le mot objectif opposé, presque par définition, au mot subjectif.

L'objectif est relatif à l'objet alors que le subjectif concerne le sujet. Objectivité d'un côté, subjectivité de l'autre. Souvent on les oppose, l'un(e) excluant l'autre. On serait soit objectif, soit subjectif. Par rapport à notre exposé, le principal attribut d'une recherche serait d'être objectif, contrairement à ce que pense le chercheur au fond de lui-même, pensée qui serait de l'ordre du subjectif. Subjectivité du chercheur, objectivité de la recherche. Un cran plus loin, le raisonnement consiste à dire que ce qui est subjectif est irraisonné, partial, humain et ce qui est objectif est froid, impartial, voire déshumanisé. Dans cette optique, le processus de recherche ne laisserait donc pas de place à la chaleur humaine, aux sentiments, aux valeurs, aux choix ou aux décisions personnels, à l'individualité. Celui qui entame sa recherche devrait alors se couler dans une sorte de moule d'objectivité froide, désincarnée. Nous disons quant à nous que rien n'est plus inexact que cette idée : en effet, lorsque le chercheur, comme nous l'avons vu précédemment, doit définir un phénomène et choisir son objectif de recherche, ses propres valeurs sont bien présentes, son éthique personnelle est bien là. Ensuite, nous l'avons vu également, une succession de possibilités s'offre à lui et ce, à chaque tournant et à chaque étape de sa recherche. À chaque fois, le chercheur, le praticien chercheur, en tant que sujet, doit effectuer ses choix. Et là aussi, il y a bien de la subjectivité.

3.2 Récapitulatif des vertus nécessaires

Le tableau qui suit tente de visualiser simplement les différentes étapes de la recherche scientifique telles que nous venons de les passer en revue au fil des pages qui précèdent et de les mettre à chaque fois en relation avec les vertus requises pour les mener à bien. Il va de soi que la vertu ou l'habileté citée ne doit pas être activée uniquement lorsque le chercheur se trouve à l'étape correspondante mais cela signifie qu'à ce moment, ce sera cette compétence-là qui sera dominante et particulièrement décisive.

Moments clés de la construction de l'objet de recherche	Vertus et compétences à mobiliser particulièrement
Prendre du recul par rapport au terrain	La lucidité
Inscrire sa recherche dans un contexte organisationnel et temporel	La prudence
Faire émerger le phénomène qui sera au centre	La conviction et l'éthique
Circonscrire son champ d'étude (contextualiser le phénomène)	L'écoute (du terrain)
Préciser son angle disciplinaire prioritaire	Le renoncement
Circonscrire son objectif spécifique de recherche	L'humilité et l'audace
Rechercher et adopter un cadre théorique	La modestie et l'empathie
Intégrer les référents théoriques avec son hypothèse	L'adaptabilité et la continuité
Expliciter son hypothèse	La créativité et la simplicité

Dans le chapitre suivant, nous poursuivons la présentation de ces mêmes compétences qui sont nécessaires (ou même constitutives de) à la posture du praticien-chercheur en nous référant à trois nouvelles illustrations.

CHAPITRE 3

TROIS ILLUSTRATIONS RÉCAPITULATIVES

Dans ce chapitre, nous quittons momentanément nos deux praticiens-chercheurs pour faire référence à trois autres études également réalisées dans un contexte d'action sociale et dans un cadre non universitaire. Ce sont ici aussi des praticiens qui se sont impliqués et qui sont intervenus non seulement pour commanditer mais aussi pour suivre activement le processus et pour l'accompagner.

La première recherche concerne le secteur de la personne souffrant de handicap. Elle est commanditée par un pouvoir public qui se trouve au moment de l'étude en réflexion sur la réorganisation du secteur de l'aide aux personnes souffrant d'un handicap. L'étude a été menée par un bureau de consultance privé indépendant, au sein duquel l'équipe de recherche se composait d'un sociologue et d'une économiste. Ils ont travaillé en étroite collaboration avec les attachés du Cabinet notamment sur le choix du cadre théorique, sur l'explicitation de l'objectif spécifique et des hypothèses ainsi que sur la mise en place du dispositif de recueil des données : questionnaire, plan d'échantillonnage, modalités de traitement et d'analyse des données ainsi récoltées.

La deuxième étude est commanditée par une intercommunale de développement économique qui a la récolte sélective ainsi que la valorisation des déchets dans ses attributions. Ce sont également les chargés de mission d'un bureau d'étude extra-universitaire, dans ce cas deux sociologues, qui ont réalisé l'étude en collaboration très étroite avec le personnel de l'intercommunale.

La troisième étude réunit dans son comité d'accompagnement des fonctionnaires de la Communauté française de Belgique ainsi que des responsables des bibliothèques publiques de cette même communauté. Deux sociologues conduisent la recherche qui concerne la fréquentation des bibliothèques selon divers paramètres.

Dans les trois cas, la collaboration entre les acteurs proprement dits et les chercheurs professionnels du bureau d'étude a consisté dans la délimitation de l'objectif spécifique, dans l'identification des modèles théoriques qui seraient utilisés, dans la précision des hypothèses et, ensuite, dans le choix des outils d'observation à utiliser et la mise en pratique de ceux-ci.

Ces illustrations n'ont pas été sélectionnées pour l'intérêt intrinsèque de leur contenu, même si des éléments de contenu, par exemple la description des cadres théoriques qui les sous-tendent, sont fréquemment employés dans des recherches de ce type. Elles ont plutôt été choisies pour illustrer le processus de recherche et la mise en œuvre de diverses compétences. En particulier, parce qu'un réel effort a été effectué par les praticiens-chercheurs pour situer ces trois démarches dans la réflexion théorique la plus structurée possible alors qu'*a priori* on aurait pu courir le risque d'avancer dans ces champs d'étude tellement concrets et apparemment simples (une étude de besoins, une étude de satisfaction, une étude de fréquentation) sans trop se préoccuper de leur cadrage théorique.

Nous y verrons que, quelque soit le champ d'étude et quelque soit l'objectif de la recherche, on gagne toujours à mener une réflexion théorique qui permet d'ouvrir de nouvelles pistes et de cadrer théoriquement ce qui donne un sens à l'ensemble de la démarche de recherche. Cette référence théorique n'est pas une obligation en quelque sorte académique qui serait exigée « pour faire sérieux ». Pas du tout.

Par ailleurs, à partir de la présentation de ces trois nouveaux cas, nous relèverons et traiterons ultérieurement trois nouvelles compétences, trois habiletés, trois vertus qui sont transversales aux différentes étapes considérées jusqu'à présent et qui peuvent s'appliquer à chaque phase d'une recherche : les capacités de renoncement, de cohérence et de persévérance. Nous traiterons ces trois dispositions à la fin de ce chapitre.

Les trois illustrations choisies étant assez longues, deux types de lecture peuvent en être réalisés : une lecture rapide, en diagonale, qui saisira les aspects strictement méthodologiques de l'illustration ; une lecture approfondie permettant notamment de prendre connaissance des divers cadres théoriques proposés.

Donnons à présent la parole aux équipes de praticiens et de chercheurs en commençant par l'étude dans le secteur du handicap. Nous introduisons l'illustration en présentant brièvement quelques éléments de contexte qui permettent de la situer.

1. L'analyse des besoins dans le secteur du handicap

1.1 Le contexte de cette étude

Dans le cadre d'une consultation élargie devant apporter des informations stratégiques utiles à l'élaboration de l'avant-projet de contrat de gestion de l'AWIPH [1], l'administration régionale a mis en place plusieurs méthodologies d'écoute des acteurs sociaux concernés : Forums, Tables rondes, Groupes de travail ainsi qu'une enquête quantitative devant être représentative du secteur. Le bureau d'étude Sonecom-sprl a été chargé d'assurer l'accompagnement méthodologique de cette enquête.

1 L'Agence Wallonne pour l'Intégration de la Personne Handicapée.

Voyons très brièvement quel phénomène fut pris en considération et quelles furent les éléments théoriques retenus par les praticiens-chercheurs comme base de cette étude.

1.2 Phénomène, cadrage théorique et hypothèses

Nous nous basons sur l'analyse des besoins comme processus d'élucidation, et comme une approche résolument constructiviste des « besoins »[2]. Pour les tenants de cette approche, il n'est pas possible de constater des besoins objectifs, qui pourraient se donner comme tels à l'observation. Nous ne sommes dès lors plus au niveau d'une approche objectiviste du besoin car : 1) *Le besoin est perçu comme construction mentale du réel* : un besoin est exprimé sous la forme de problème à résoudre ou de nécessité à satisfaire. Ce postulat implique que l'objet premier de l'analyse des besoins n'est pas la réalité objective mais la manière dont les acteurs se la représentent mentalement. 2) *Le besoin comme sens du discours* : la représentation de la réalité n'a pas non plus d'existence en dehors de son discours. Dans cette optique l'objet de l'analyse des besoins n'est pas une « chose » mentale, un invariant. Elle suppose au contraire que l'objet même de l'analyse est le discours (expression de besoin) produit dans certaines conditions méthodologiques, sociales et psychologiques.

Certains auteurs envisagent plusieurs dimensions dans la notion de besoin et la définissent en termes de relations entre ces différentes dimensions. *« Exprimer un besoin passe avant tout par l'expression d'une perspective (objectif, projet) d'action qui renvoie à des problèmes à résoudre, des exigences à rencontrer, des aspirations ou d'autres objectifs d'action à réaliser »* (BOURGEOIS) ; l'expression d'un besoin intègre trois données perceptuelles, distinctes mais étroitement liées.

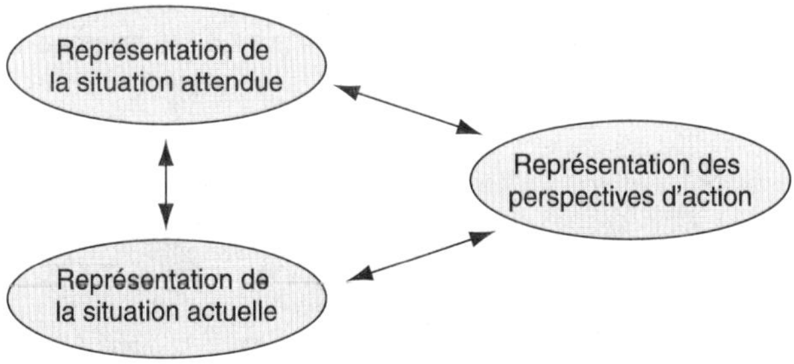

Il existe donc un décalage entre la situation actuelle et la situation attendue. L'expression du besoin ne peut avoir lieu que si il y a perception de ce décalage. Ce décalage perçu peut être de deux ordres : soit que l'on appréhende la situation actuelle négativement, comme problématique ou insatisfaisante ; on est alors proche de la notion de besoin comme problème à résoudre. La solution attendue coïncide ainsi avec la représentation de la situation qui résulterait d'une solution au problème actuel perçu. Soit que la situation actuelle ne soit pas vécue négativement mais que des aspirations ont émergé à un moment donné, motivant ainsi une volonté de changement. La troi-

2 Bourgeois, « L'analyse des besoins de formation dans les organisations : un modèle théorique et méthodologique », *Mesure et évaluation en éducation*, 1991, vol.14, n° 1.

sième représentation (perspectives d'action) est liée aux deux premières et concerne les moyens d'action envisagés pour transformer la situation actuelle en situation attendue.

L'expression d'un besoin s'articule donc nécessairement autour de ces trois pôles. Cependant, il suffit qu'un seul des trois pôles soit saillant. Une expression de besoin peut donc se cristalliser au départ sur un seul des trois pôles. Nous considérons le premier pôle comme saillant : la représentation actuelle en terme de situations-problèmes.

L'existence de ces situations-problèmes constitue alors autant d'hypothèses au sein même du processus d'analyse des besoins à partir desquels les acteurs (usagers, opérateurs de terrain, experts) sont amenés à élaborer leurs propres représentations sur chacun des pôles au travers d'une prise de conscience des interactions entre ces représentations. Le schéma suivant synthétise la démarche envisagée dans l'enquête.

L'étude s'inscrit dans le champ précédemment décrit, celui du handicap et des objectifs poursuivis par le pouvoir politique en matière d'intégration des personnes souffrant d'un handicap.

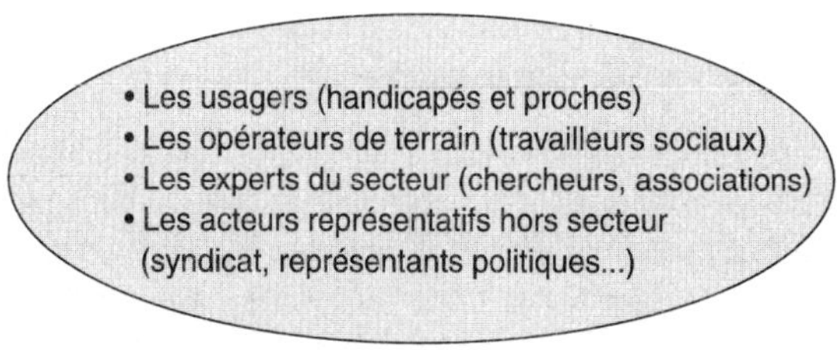

A. Phénomène

L'angle d'attaque privilégié dans ce cas est l'angle sociologique par une approche de l'analyse des besoins des acteurs du secteur. Le phénomène identifié dans le cadre de cette analyse de besoins est le concept de « qualité de vie des personnes souffrant d'un handicap ».

Les dimensions présentes dans le concept énoncé ci-dessus sont les suivantes : la prévention, la santé, la formation scolaire, l'accompagnement, l'hébergement, l'emploi, la culture et les loisirs, les aides financières, l'estime de soi. Pour chacune de ces dimensions, on identifie les indicateurs suivants :

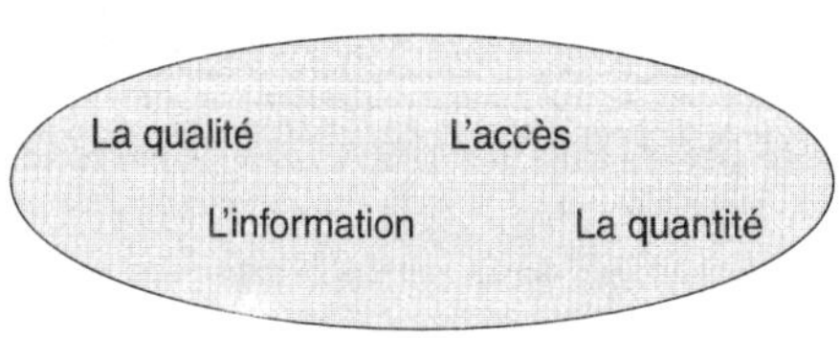

1.3 Éléments de méthode

Le questionnaire est ensuite élaboré en fonction du cadre théorique énoncé plus haut à savoir « l'analyse des besoins » en fonction du champ, du concept, des dimensions et des indicateurs relevés.

Dans un tel champ d'étude, un échantillon représentatif de la population risque de ne comprendre qu'un trop petit nombre de personnes appartenant à certaines catégories, numériquement peu nombreuses, mais toutefois importantes pour le problème étudié. Pour rencontrer cette situation, on constitue l'échantillon en acceptant des taux de sondage différents selon les catégories considérées. Un tel échantillon est dit stratifié, les catégories étant les strates. L'échantillon total n'est dès lors plus représentatif dans le sens strict du terme, mais on vise à relever les différents modèles culturels présents au sein de chacune des strates. Cette technique est notamment utilisée si on fait l'hypothèse que certains facteurs explicatifs diffèrent d'une catégorie à l'autre.

Cette brève synthèse illustre l'un des maîtres-mots d'une recherche : la cohérence. On voit en effet clairement à quel point l'objectif spécifique de la recherche, les éléments constitutifs du modèle théorique, les hypothèses, les techniques proposées pour l'observation empirique sont intimement et indissociablement reliés entre eux. L'ensemble forme un tout cohérent, sans rupture de logique.

2. L'accommodation d'un nouveau mode de pensée

2.1 Éléments de contexte et objectif spécifique de la recherche

La recherche a été initiée par un pouvoir public, une intercommunale chargée d'organiser dans la plupart des communes du Luxembourg belge les récoltes sélectives ainsi que la politique de valorisation des déchets. De nombreuses études (de faisabilité, d'impact, d'évaluation) sont menées dans ce champ depuis de longues années et l'un des acteurs importants est constitué par les communes concernées, notamment via le rôle informatif que celles-ci peuvent jouer. Il apparaît toutefois que, quelque soit le niveau d'information sur la nécessité de pratiquer des récoltes sélectives, des fractions encore importantes de la population restent réfractaires à ces pratiques. L'objectif spécifique de la recherche est donc apparu progressivement lors de rencontres entre les chercheurs de l'intercommunale concernée et les consultants du bureau d'étude : mieux comprendre les raisons pour lesquelles, même si les ménages sont *informés* de la nécessité d'adopter diverses pratiques, nombre d'entre eux n'appliquent pourtant pas les nouveaux comportements souhaités.

2.2 Cadrage théorique

C'est par rapport à cet objectif ainsi défini que les praticiens-chercheurs ont recherché un cadre théorique qui avait pour but d'organiser la recherche, de la guider, d'ouvrir des perspectives originales et de préciser les concepts qui y seront utilisés. Le cadre théorique qu'ils ont progressivement construit dans cette étude se trouve à la conjonction de deux approches théoriques :

1. l'approche systémique,
2. la théorie de l'apprentissage.

En se référant à ces deux cadres, ils ont tenté de construire un modèle qui permette de bien cerner et de mieux comprendre les nombreux processus et mécanismes qui sont à l'œuvre dans la production d'idées et de pratiques concernant, dans le cas présent, la problématique de la gestion des déchets.

2.2.1 *L'approche systémique*

Lorsqu'on examine la problématique de la gestion des déchets dans une région administrativement structurée, on opère généralement des analyses bivariées c'est-à-dire que l'on établit une relation censée être causale entre différents éléments à chaque fois pris deux par deux. Par exemple : la présence dans la commune de dispositifs adaptés en matière de revalorisation influence sensiblement les pratiques des gens ou bien la structure de l'habitat influence les pratiques ménagères en termes de tri sélectif.

Le cadre théorique proposé souhaite raisonner différemment en tentant d'*intégrer* et d'*articuler* de manière dynamique les différents aspects de la problématique. Les chercheurs tentent donc de raisonner davantage en termes de « système[3] » plutôt qu'en termes de causalité directe.

Le système étudié intègre de multiples aspects du problème traité : les attitudes des gens, leurs modes de penser, leurs modes d'agir, les politiques communales, les informations reçues par les ménages, le type de communes, les catégories sociales d'appartenance, les représentations mentales des gens sur une série de problèmes etc. Ces multiples aspects font partie d'un système et modifier l'un ou l'autre de ces aspects (informer ou ne pas informer, avoir telle représentation ou telle autre, se trouver dans telle structure démographique ou d'habitat ou bien se trouver dans telle autre, etc.) conduit à modifier l'ensemble du système de représentations et d'actions. L'adoption d'un cadre théorique de type systémique a donc pour objectif :

- d'offrir un schéma global d'exploration et d'explication qui soit le plus pertinent pour mieux comprendre l'objet étudié ;
- de permettre l'étude sociologique d'un secteur nouveau : l'impact de mesures communales en matière de gestion des déchets ;
- de rassembler les données existantes en fonction de variables plus générales.

2.2.2 *La dimension théorique de « l'apprentissage »*

La seconde partie du modèle théorique choisi s'inscrit dans une théorie générale du fonctionnement et du développement humain et tout particulièrement le développement cognitif[4]. Ce qui intéresse tout particulièrement, c'est en effet le processus d'apprentissage qui va conduire ou ne pas conduire des individus ou des groupes sociaux à adopter / ou ne pas adopter des nouvelles manières d'agir.

Les ménages sont en effet dans une situation telle qu'ils doivent « apprendre » à gérer leurs déchets d'une nouvelle façon. Il va y avoir un changement dans les mentalités, ce qui signifie passage d'un modèle culturel à un autre. Le deuxième volet du cadre

---

3 Avec CROZIER, partons de l'idée *« selon laquelle un système est un ensemble dont toutes les parties sont interdépendantes, qui possède donc un minimum de structuration, ce qui le distingue du simple agrégat, et qui dispose en même temps, de mécanismes qui maintiennent cette structuration et qu'on appelle mécanismes de régulation »* (CROZIER, 1977 ; 243).

4 Nous nous basons principalement, pour cette approche théorique sur BOURGEOIS et NIZET, *Apprentissage et formation des adultes*, Paris, Presses Universitaires de France, L'éducateur, février 1997.

théorique permet de mieux comprendre cette activité cognitive des groupes sociaux. On aborde des processus tels que l'assimilation et l'accommodation en tentant d'identifier les variables a priori susceptibles d'affecter les modes de pensée et d'agir des individus, ainsi que les mécanismes par lesquels elles peuvent agir sur ceux-ci (freins et accélérateurs). Ce second volet théorique apprend que tout individu reçoit ces apprentissages nouveaux avec des visions préalables et notamment des « représentations » qui dans certains cas constituent des obstacles susceptibles de parasiter l'acquisition des connaissances. Les chercheurs tentent également d'identifier ces facteurs de frein.

A. L'ACTIVITÉ COGNITIVE

Lorsqu'un individu se trouve face à une nouvelle situation, il active ses « structures de connaissances préalables » qui sont stockées en mémoire. Il s'agit là des connaissances déjà assimilées ou expérimentées par la personne. Lorsque celles-ci sont activées, il va y avoir sélection, traitement et orientation de conduite. Dans un nouvel apprentissage, il y a une recherche constante d'un équilibre dynamique entre le sujet et son milieu.

B. LE PROCESSUS D'APPRENTISSAGE

L' apprentissage n'est rien d'autre qu'un « processus de construction et de transformation de structures de connaissances »[5]. Lors d'un apprentissage, l'individu va constamment rechercher un équilibre entre lui et son milieu, il va donc y avoir un changement dans son mode de pensée. Ce processus continu de recherche d'équilibre entre le sujet et son milieu se déroule en deux temps : **l'assimilation et l'accommodation.** Lorsqu'un élément de l'environnement est incorporé dans une structure d'accueil du sujet (appelé structure d'assimilation) sans que cette incorporation conduise à la destruction de cette dernière comme structure, on peut dire qu'il y a assimilation. En fait, l'individu prend connaissance d'informations nouvelles sans modifier réellement sa manière de voir les choses. Celle-ci se fait selon deux aspects :

1. le sujet agit sur l'information nouvelle fournie par le milieu, il exerce une activité de transformation, de traitement. Il va opérer un tri des données, organiser, structurer pour leur donner un sens.
2. l'incorporation du nouveau sujet conduit à la conservation du schème d'accueil en tant que structure.

Si l'assimilation ne détruit pas la structure d'accueil, il se peut qu'elle la modifie. Une transformation progressive de la structure donne lieu à une structure nouvelle plus adaptée aux caractéristiques propres des éléments à assimiler[6]. Une structure peut trouver un point d'équilibre sans qu'il y ait transformation de la structure d'accueil, donc sans qu'il y ait accommodation. Il n'y aura accommodation que s'il y a un *conflit cognitif*, c'est à dire que les nouveaux éléments vont entrer en conflit avec la structure d'accueil actuelle. Ce déséquilibre va alors enclencher la recherche d'un nouveau point d'équilibre. L'accommodation d'une structure est le « résultat d'une activité de régulation du déséquilibre consécutif à l'activité d'assimilation de cette structure »[7].

5 BOURGEOIS et NIZET, *ibid.*, p. 46.

6 *Ibid.*, p. 56.

7 *Ibid.*, p. 58.

Il faut encore tenir compte d'un autre aspect important lorsqu'on essaie de bien cerner le concept de l'assimilation par un sujet de nouvelles informations. Il s'agit du phénomène de catégorisation. Il s'agit d'un processus de classement des informations reçues dans des catégories mentales adaptées : bon, mauvais ; courageux, lâche ; à faire, à ne pas faire ; utile, pas utile ; malin, ridicule ; etc.

C'est ce processus de classement qui va permettre aux individus, dans tous les aspects de leur vie quotidienne, de décrire les choses, de les interpréter, de les juger ainsi que de prédire l'environnement physique et social. Par ce processus inconscient mais permanent de catégorisation, l'individu va ordonner l'environnement en termes de catégories c'est-à-dire qu'il va regrouper les objets, les personnes, les événements, les situations les plus diverses qui se présentent à lui au sein des multiples catégories qu'il aura progressivement construites tout au long de son existence passée.

2.3 Émergence des hypothèses

2.3.1 *Le modèle théorique*

Les différents éléments que nous avons passés en revue permettent d'élaborer un modèle théorique, de type systémique en intégrant les acquis de la théorie de l'apprentissage. Les différents aspects sont articulés et reliés les uns aux autres. On se trouve dans la situation d'un système dans la mesure où chaque élément a une influence sur tous les autres et que modifier un sous-système (l'information, la démographie communale, les modalités existantes, le type de représentations...) revient à modifier l'ensemble du système global. Bien évidemment, le but du jeu consiste à valider ce système. En d'autres termes, il faut à présent voir s'il « colle » bien avec la réalité.

Il faudra récolter les informations les plus performantes afin d'en tester la validité ; ce sera l'objet des enquêtes dont nous allons brièvement rendre compte. Peut-être le modèle sera-t-il entièrement validé, peut-être ne sera-t-il confirmé qu'en partie seulement et peut-être, en cours d'analyse, d'autres aspects, non présents au départ se feront-ils jour pour venir compléter ou affiner certains aspects de ce modèle. Explicitons davantage les hypothèses de travail qui constituent le modèle construit par les praticiens-chercheurs.

2.3.2 *Quatre hypothèses de travail*

Conformément au modèle, nous explicitons à présent les quatre hypothèses qui seront ultérieurement confirmées ou infirmées. Les différentes hypothèses qui ont guidé l'observation empirique sont les suivantes :

A. Hypothèse 1 : Présence des processus d'apprentissage

Les ménages adoptent et mettent en pratique de nouvelles politiques communales via un processus d'apprentissage (assimilation-accommodation). On pose l'hypothèse générale qu'il n'existe des nouvelles pratiques en matière de valorisation de déchets, chez les ménages, que si les processus d'assimilation et d'accommodation sont activés dans cette matière.

B. Hypothèse 2 : Passage d'un modèle théorique à des pratiques concrètes

Le processus d'accommodation des ménages intervient dans la manière dont les ménages appliquent les différentes directives communales. Ils passent du stade d'un nouveau modèle (théorique) à de nouveaux comportements physiques (pratiques). On pose l'hypothèse que les ménages avec une accommodation forte ont une plus grande disposition à développer et mettre rapidement en œuvre de nouvelles pratiques en matière de gestion des déchets.

C. Hypothèse 3 : Influence de l'information communale sur la prise de connaissance des politiques communales

La quantité et la qualité des différents L'information communale, en matière de gestion des déchets, influence l'assimilation des individus. Les moyens mis en œuvre par les communes pour faire connaître et expliquer leur politique en matière de gestion des déchets, influencent la perception que se font les individus de cette politique. On pose l'hypothèse que plus l'information communale est pertinente, bien adaptée aux publics visés, bien transmise, plus l'assimilation sera forte.

D. Hypothèse 4 : Influence de l'information communale sur les systèmes de pensée en matière de revalorisation des déchets

L'information communale en matière de gestion des déchets, influence l'accommodation des ménages. On pose l'hypothèse que plus l'information communale est claire, expliquée pratiquement, plus l'accommodation sera forte.

Comme la suite de la recherche le montrera, un certain nombre de ces hypothèses seront confirmées ; d'autres seront mises à mal voire infirmées. Ces conclusions et analyses dépassent toutefois le cadre du présent ouvrage.

3. Analyse des pratiques de lecture

3.1 Objectif de l'étude

Dans cette troisième illustration, il s'agissait de réaliser une enquête [8] sur les *pratiques de lecture*, représentative de l'ensemble de la population résidant en Communauté française de Belgique. La recherche avait pour objectif d'apporter des réponses à différents aspects de la problématique envisagée, et plus précisément les aspects suivants :

- mesure de la fréquentation des bibliothèques et motivation des pratiques ;
- pratiques comparées d'achats et d'emprunts de documents écrits (sous toutes leurs formes, sur les divers supports) ;
- analyse comparée de la fréquentation des bibliothèques et d'autres types de lieux culturels ;

8 Cette étude a été initiée par Le *Service de la Lecture publique* de la *Communauté française* en 2002 ; la réalisation de l'enquête a été assurée par Mme Muriel Wiliquet, sociologue, et M. Luc Albarello, docteur en Sociologie au titre de directeur de Sonecom. Un Comité d'accompagnement a assuré le suivi de la mission. Il était composé de représentants du *Service général des Lettres et du Livre et du Conseil Supérieur des Bibliothèques Publiques*

- approche des différentes pratiques et modalités de lecture ;
- raisons poussant à l'utilisation des services des bibliothèques, objets de cette utilisation ;
- appréciation de l'avenir des établissements de prêt, par rapport à l'accès au multimédia ;
- appréciation des infrastructures actuelles des bibliothèques ;
- appréciation des prix pratiqués en bibliothèque.

3.2 ÉLÉMENTS DE CADRAGE THÉORIQUE

Voyons comment l'équipe de recherche a progressivement construit son objet.

Nous nous référons dans cette synthèse à plusieurs cadres théoriques, élaborés par différents auteurs. Elle est donc structurée en quatre paragraphes et tout d'abord, l'apport de BOURDIEU semble incontournable.

1. Dans son approche des pratiques culturelles, BOURDIEU a mis en avant la logique de distinction qui préside au fonctionnement de l'espace social. Les agents et les groupes sociaux mettent ainsi en œuvre des stratégies en vue d'accumuler du capital symbolique. L'objectif est de se distinguer des autres catégories sociales (rappelons l'existence d'un habitus spécifique selon l'appartenance à un groupe social). En matière culturelle, un goût est aussi un dégoût et fonctionne donc à la fois comme facteur d'intégration et facteur d'exclusion. L'importance des luttes symboliques dans les stratégies de classes se traduit donc dans le champ culturel. La domination symbolique consiste à imposer des significations en faisant oublier l'arbitraire [9].

   Concernant plus spécifiquement la lecture, BOURDIEU a décrit la manière dont certaines instances sociales (intellectuels, académies littéraires, etc.) délimitent le champ de la littérature canonique, soucieuses par là d'affirmer symboliquement leur « distinction » (pouvoir de consécration). BOURDIEU a dévoilé de la sorte les mécanismes sociaux qui aboutissent à la reconnaissance d'une « culture légitime ». Les goûts des lecteurs seraient donc le produit des conditions sociales qui les ont façonnés (habitus social, capital culturel de la famille, etc.) [10]. Tout en étant assez large pour satisfaire l'industrie éditoriale, le canon littéraire est assez rigide pour assurer la reproduction des valeurs idéologiques et culturelles constituant le fondement du monde occidental depuis deux siècles. Les acteurs jouant un rôle dans le champ de la création et de la diffusion littéraires, y compris les bibliothécaires, cherchent toujours à guider et à « informer », c'est-à-dire à former à l'usage d'une culture écrite largement homogène [11].

2. Cependant, depuis deux décennies environ, certains observent une remise en cause de ce canon littéraire. À partir des années 1960 déjà, d'aucuns ont établi une distinction entre « lecture d'étude » et « lecture de consommation ». On

9 BONNEWITZ Patrice, *Premières leçons sur la sociologie de Pierre Bourdieu*, Paris, PUF, coll. Major Bac, 1997.

10 FOURNIER Martine, « De la distinction au plaisir », dans *Sciences Humaines*, n° 82, avril 1998.

11 PETRUCCI Armando, « Le choix des lecteurs », dans *Sciences Humaines*, n° 82, avril 1998.

parle d'une manière de lire dite « post-moderne », revendiquant le droit de consommer ce que l'on veut, à l'encontre des contraintes extérieures.

Les pratiques de lecture évoluent donc, dans un contexte inédit sur le plan des comportements culturels de masse. En effet, le livre s'est vu supplanté en tant qu'instrument principal d'acculturation par les médias audiovisuels, massivement utilisés par le public occidental. Aujourd'hui, la lecture constitue un phénomène éclaté et diversifié, suite à la démocratisation de l'enseignement, à la diversification éditoriale (nouveaux répertoires) et à la désacralisation des œuvres « classiques » [12] Récemment, l'homme occidental a en outre intégré de nouvelles pratiques, consistant à lire des messages en mouvement générés par des moyens électroniques (ordinateur, vidéo, courrier électronique, SMS, etc.), l'utilisation de ces divers supports variant cependant selon les groupes sociaux.

Dans ce contexte, la situation du livre est assez complexe à définir. Si davantage de ménages disposent de livres à domicile, la proportion de « gros lecteurs » a, elle, tendance à diminuer (surtout chez les moins de 40 ans) [13]. Aux côtés du livre, les écrans et les périodiques tiennent une place sans doute grandissante dans le champ de la lecture. La plupart des chercheurs préfèrent donc la thèse de la diversification à celle du déclin de la lecture.

3. Une étude française de 1994 situe les lecteurs en fonction de deux axes : primo le style d'ouvrages préféré (genres littéraires, périodiques d'actualité ou spécialisés) et secundo le degré d'investissement dans la lecture (quantité de lectures, temps lui étant consacré). Les pratiques d'achat et d'emprunt en bibliothèque sont prises en compte dans l'analyse. L'auteur parvient sur cette base à établir une typologie des lecteurs en cinq catégories (plus une constituée par les « non-lecteurs ») [14] :

   Rapports ordinaires à la lecture (23 %) : lecture de livres et de la presse dans des proportions moyennes. Choix diversifiés. Tous niveaux d'âge et de diplôme.

   Lecture fréquente et utile (10 %) : lecture de plus de 25 livres par an, dans un but d'acquisition de connaissances. Actifs diplômés surtout.

   Le livre roi (12 %) : lecture de plus de 50 ouvrages par an, le plus souvent prestigieux ou intellectuels. Souvent inactifs, nombreux à fréquenter régulièrement les bibliothèques.

   Goût exclusif pour la fiction (7 %) : lecture quasi exclusive de romans. Très majoritairement féminin, tous milieux sociaux confondus sauf catégories supérieures.

   Rapport distant au livre (21 %) : lecture de moins de 12 livres par an. Forte consommation de télévision. Milieux ouvrier et commerçant surtout.

   Non-lecteurs (27 %) : aucun livre lu sur les 12 derniers mois. La moitié lit toutefois la presse locale et des magazines de télévision.

---

12 *Ibid.*

13 *Enquête « Pratiques culturelles des Français »*, DEP Ministère de la Culture (France), citée dans *Sciences Humaines*, n° 82, avril 1998.

14 DONNAT Olivier, *Les Français face à la lecture : de l'exclusion à l'éclectisme*, Paris, La Découverte, 1994, cité dans *Sciences Humaines*, n° 82, avril 1998.

Les attitudes face à la lecture sont donc évidemment multiformes. Dans ce champ d'étude, tous s'accordent sur l'existence de corrélations entre lecture et déterminismes sociaux (bien que certains souhaitent que soient davantage mises en avant des dimensions immanentes à la lecture telles que le plaisir, l'identification, la connaissance de soi, etc.).

4. Dans ce champ, le rôle de l'école est prépondérant. Depuis l'extension de la scolarisation, l'école détient un remarquable pouvoir de prescription sur les pratiques de lecture. Les usages « ordinaires » de la lecture sont implicitement hiérarchisés à l'aune de la lecture lettrée approchée par chacun dans le contexte scolaire. Nombre de lectures ne sont pas considérées par les lecteurs eux-mêmes comme des lectures légitimes, a fortiori lorsqu'il s'agit d'en faire état vis-à-vis d'un représentant de la classe « intellectuelle » (un chercheur ou un enquêteur, par exemple).

   Si le capital scolaire constitue un facteur absolument déterminant dans la différenciation des pratiques, il n'agit cependant pas seul. Ainsi, un clivage sexuel existe par exemple (les femmes choisissent plus volontiers des textes liés aux choses humaines et les hommes des textes liés aux choses matérielles). L'histoire personnelle du lecteur revêt également une importance, notamment au niveau de la confrontation entre pratiques familiales et prescriptions scolaires. Si le primaire et les premiers cycles du secondaire voient en général cette double influence cohabiter de façon harmonieuse, la fin de secondaire correspond, elle, à un moment de rupture [15].

   A ce stade, l'école joue un rôle fortement discriminant dans les parcours de lecteurs. Elle convertit une minorité d'adolescents à la lecture lettrée tout en en éloignant les autres. C'est à ce moment qu'elle fait en outre intérioriser par tous le sentiment d'une infériorité des pratiques de lecture ordinaires, qui sont justement celles de la majorité des individus. Par la suite, les événements majeurs (entrée dans la vie professionnelle, maternité/paternité, rencontres, militantisme, maladies, retraite, etc.) jalonnant le parcours personnel du lecteur constituent autant de points d'inflexion au niveau de ses pratiques. Des réactivations de dispositions acquises à l'école peuvent alors intervenir [16].

C'est en tenant compte des éléments les plus pertinents de ces quelques cadres théoriques que les praticiens-chercheurs ont pu avancer les postulats présentés ci-après.

3.2.1 *Postulat 1*

Les pratiques de lecture traduisent une volonté de marquer son appartenance à un groupe social (auquel on s'identifie) en se distinguant clairement des autres groupes sociaux. De ces stratégies de classement naît une hiérarchie des lectures.

15 TROGER Vincent, « Figures de lecteurs », dans *Sciences Humaines,* n° 95, juin 1999.

16 *Ibid.*

3.2.2 *Postulat 2*

On assiste à une diversification des pratiques de lecture, tant au niveau des supports qu'au niveau des contenus.

3.2.3 *Postulat 3*

Certaines bibliothèques publiques (filiales, dépôts, etc.) éprouvent des difficultés à se détacher du « canon » classique (du point de vue des contenus mis à disposition) et à proposer des supports neufs (utilisation du multimédia).

3.2.4 *Postulat 4*

Le public des bibliothèques publiques est majoritairement concerné par la prescription scolaire (élèves, parents). Beaucoup d'inscrits disparaissent à l'âge de 18 ans.

À partir de ces éléments théoriques eux-mêmes cohérents par rapport aux objectifs visés, les hypothèses ci-dessous ont ensuite pu être retenues.

3.3 HYPOTHÈSES

Les hypothèses énoncées seront testées via l'enquête, de manière à être confirmées ou infirmées.

3.3.1 *Hypothèse 1*

La fréquentation des bibliothèques publiques (variable « dépendante ») n'est pas uniquement liée au milieu social (variable « indépendante ») et à des variables de « modération » telles que le sexe, la disponibilité de l'offre ou la prescription scolaire. Elle dépend de la représentation que le sujet a des bibliothèques, du sens symbolique qu'il leur accorde (variable de « médiation »).

3.3.2 *Hypothèse 2*

L'image des bibliothèques (publiques) est intimement liée au « canon » de la littérature / à la lecture dite « lettrée », ce qui freine leur fréquentation par le plus grand nombre. Elles présentent aussi une image quelque peu traditionnelle sur le plan des supports proposés.

3.3.3 *Hypothèse 3*

La fin des études secondaires constitue une phase critique où s'opère le classement du lecteur selon la hiérarchie des lectures (lettrée — ordinaire) de même que l'intériorisation de cette hiérarchie. De ce fait, c'est aussi le moment du basculement ou non vers la fréquentation des bibliothèques.

Le graphique qui suit constitue le modèle finalement adopté qui conduira l'observation empirique (enquête auprès d'un échantillon représentatif) qui s'ensuivit ; il indique clairement le statut des différentes variables considérées. Il va de soi que toutes les analyses qui seront effectuées par la suite résultent de ce modèle.

3.4 Modèle hypothétique

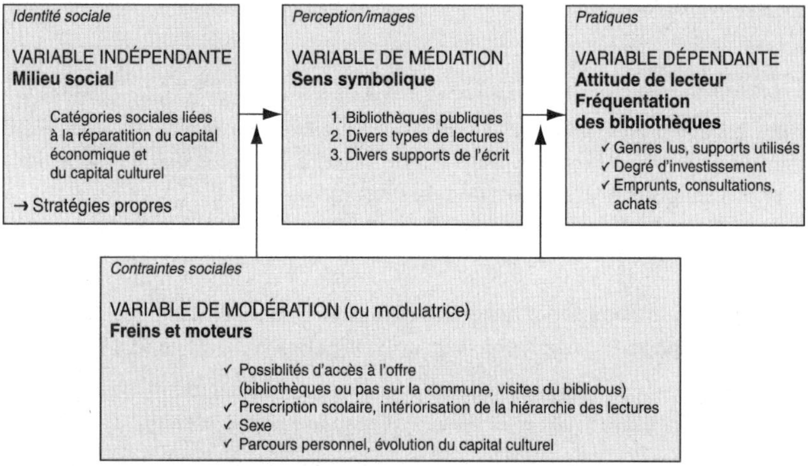

4. Trois compétences transversales

Au terme de la présentation très synthétique de ces trois études réalisées par des équipes de praticiens-chercheurs, arrêtons-nous un instant sur quelques fils conducteurs, trois compétences transversales qui traversent ces illustrations de part en part ; trois vertus qu'il convient d'activer en permanence et de mobiliser à tout instant : la première est la capacité de renoncement, la deuxième est le savoir-faire de la cohérence et la troisième, la vertu de la ténacité. Insistons sur ces trois dimensions, importantes, du travail du chercheur.

4.1 La capacité de renoncement

Faire un choix implique toujours un renoncement. Or, nous l'avons vu, une recherche est une succession de choix : on choisit son angle disciplinaire, on choisit un objectif, une ou des hypothèses, des outils d'observation, etc. Ces choix successifs signifient que d'autres angles disciplinaires auraient pu être adoptés, d'autres objectifs spécifiques, d'autres hypothèses, d'autres techniques d'observation. Cette capacité de choix et donc de renoncement n'est pas aisée à adopter car on hésite toujours à abandonner des pistes qui auraient également pu être bénéfiques. On court donc un risque puisqu'on n'est évidemment pas certain que les options qui sont prises en termes de cadrage théorique, en termes d'objectif de recherche ou en terme d'hypothèses seront les plus productives. Dans la recherche présentée ci-dessus sur le handicap, une autre optique que l'analyse des besoins aurait pu être choisie. Par exemple, une analyse des représentations socialement différenciées par rapport au handicap aurait certainement été également productrice de sens. Pour l'étude consacrée aux récoltes sélectives, un autre choix que les théories de l'apprentissage aurait aussi pu être adopté, par exemple, comme cela fut appliqué dans d'autres contextes locaux, le modèle de l'action raisonnée et du contrôle perçu ou bien la théorie de la motivation collective.

Et aussi, dans la recherche concernant la fréquentation des bibliothèques publiques, d'autres pistes également fécondes auraient pu être suivies. Par exemple, une approche de type *marketing* qui aurait concentré davantage l'attention sur l'offre et le service proposé.

Il n'empêche qu'à chaque moment décisif de la recherche, il a fallu, parmi de multiples scénarii possibles, en adopter un seul au détriment de combien d'autres ! Il nous faut donc nous habituer à renoncer. Pour mieux avancer.

Cette attitude de renoncement est d'ailleurs favorisée par l'image collective que l'on se fait de la démarche scientifique : lorsque le chercheur a conscience qu'il fait partie d'une communauté, présente et à venir, de personnes qui, comme lui, sont intéressées à mieux connaître une réalité sociale donnée, alors il accepte plus facilement l'idée selon laquelle les autres pistes qu'il entrevoit pourront être traitées plus tard et/ou par d'autres. En se plaçant dans cet état d'esprit, il renonce plus aisément puisqu'il sait que ces autres phénomènes repérés, ces autres objectifs, ces autres hypothèses ne sont négligés que momentanément et qu'ils pourront être pris en charge plus tard par d'autres chercheurs et par d'autres praticiens-chercheurs. D'autant que ces pistes qu'il a entrevues et qu'il a dû abandonner, il pourra les signaler, les indiquer comme orientations potentiellement intéressantes ; il pourra les recommander, les suggérer en espérant qu'une lecture des résultats de sa propre recherche suscitera de nouvelles recherches dans les directions qu'il aura indiquées. Renoncer à un possible, un moment donné, ne signifie donc pas abandonner définitivement. Tout au contraire.

4.2 La capacité de cohérence

Nous avons déjà insisté sur cet aspect : progresser tout en faisant preuve de cohérence. C'est le deuxième mot fort qui apparaît à travers nos trois illustrations récapitulatives ; tout se tient. Comme les différents éléments d'une construction, l'un dépend de l'autre, l'un n'a de sens et de valeur que par rapport à ceux qui le précèdent. C'est un puzzle, chaque pièce ne trouvant sa signification que par rapport aux pièces qui sont déjà placées sur la table et par rapport aux morceaux qui doivent encore y être disposés. Pour utiliser une autre image, une recherche ressemble à une chaîne où chaque maillon est relié avec fermeté au précédent et attaché avec force au maillon qui suit. Si l'un de ces maillons est faible ou, pour être plus précis dans la comparaison, si l'un de ces maillons ne peut être attaché à celui qui le précède ou à celui qui le suit, alors il y a rupture et la chaîne ne peut être construite. C'est ce que nous avons tenté de mettre en évidence par les trois illustrations que nous avons brièvement présentées : le choix du phénomène entraîne presque naturellement le choix des référents théoriques et ceux-ci déterminent quasi automatiquement la construction des hypothèses. Celles-ci, à leur tour, on le voit clairement dans les trois illustrations, impliquent le recours à des méthodologies adaptées en conséquence.

Il est donc essentiel dans tout processus de recherche de veiller à éviter les moments de rupture et de s'assurer de façon permanente que chaque élément est bien en cohérence avec les éléments qui l'entourent, en amont et en aval.

D'ailleurs les praticiens-chercheurs qui se sont frottés à l'expérience ne s'y trompent pas. Citons pêle-mêle quelques témoignages éclairants que ceux-ci nous ont livrés :

> « Ce qui est essentiel, c'est la cohérence réclamée du début du processus de recherche jusqu'à son terme… »
>
> « Une méthode réfléchie, structurée permet une élaboration intellectuelle riche et un gain de temps considérable au niveau de l'élaboration. »
>
> « Pour mener une recherche scientifique qui vise à confirmer ou infirmer une hypothèse, il est important de bien construire la recherche en passant par les différentes étapes et ne pas se baser sur des intuitions. »
>
> « La démarche scientifique suppose une sorte de canalisation des intuitions. Cette canalisation, cet encadrement est extrêmement utile afin de sortir de débats d'opinion basés uniquement sur des impressions, des informations parcellaires, des influences externes non explicitement nommées. »

Le dernier praticien-chercheur relève une erreur de jeunesse souvent commise :

> « Souvent, les praticiens-chercheurs veulent aller trop vite dans ce processus. Il importe d'autant plus d'être rigoureux et méthodique. »

4.3 La capacité de persévérance

Au niveau individuel, personnel, la vertu de la persévérance et celle du courage sont intimement liées et également nécessaires. Tout d'abord, parce qu'il faut du courage pour penser car, comme l'écrit encore le philosophe, on préfère toujours l'illusion rassurante ou le mensonge confortable. Ensuite parce que le chercheur est souvent amené à refuser : refus des lieux communs, refus des évidences et, de façon générale, refus de se soumettre à autre chose qu'à la vérité. Cette capacité de refuser est précisément ce qui constitue le courage intellectuel.

Enfin, le courage c'est l'effort dans la durée et ce, comme l'indique COMTE-SPONVILLE (1995 :70), *« malgré la fatigue, malgré la peur »* ; cela relève de la volonté et de la persévérance. Mener une recherche nécessite des efforts certains, surtout si la recherche est réalisée par un praticien-chercheur qui par définition doit mener sa recherche parallèlement à d'autres activités, professionnelles, familiales, militantes. Les occasions d'arrêter en cours de route et les tentations de renoncer sont nombreuses et insistantes. Elles se cachent sous d'insidieuses questions du genre :

> « À quoi cette étude sur l'attitude des communes pourra-t-elle bien servir ? N'est-il pas préférable de consacrer ce budget à l'installation d'une bulle à verre supplémentaire dans le centre de la municipalité ? »

Ou bien : « Ce champ du handicap, et en particulier les besoins des personnes souffrant de handicap, n'est-il pas déjà suffisamment connu ? À quoi bon consacrer budget, temps et énergie à vouloir mesurer plus précisément les situations-problèmes ? »

Ou encore : « Mes hypothèses concernant la lecture et la fréquentation des bibliothèques ne sont-elles pas triviales et communes ? Ne sait-on pas suffisamment que plus on provient d'un milieu aisé, plus on lit ? »

On en conviendra, il faut bien souvent faire face au découragement pour poursuivre son étude coûte que coûte d'autant que généralement les praticiens-chercheurs ne sont pas rémunérés spécifiquement pour réaliser cette tâche.

Un nouveau témoignage :

« Je me suis rendue compte à quel point le processus de distanciation est difficile à mener malgré l'aide des outils méthodologiques et malgré le fait que le sujet ne me tenait pas particulièrement à cœur. L'aspect qui me frappe le plus c'est qu'il m'est apparu que cet effort de distanciation doit se poursuivre tout au long de la recherche parce que cette posture me semble bien fragile, en tout cas pour des débutants. »

N'ayons pas peur des mots : c'est bien d'un courage quotidien qu'il faut faire preuve dans cette aventure passionnante et stimulante certes, mais aussi longue et exigeante de la recherche.

5. Conclusion

Faire preuve de lucidité, de prudence, d'audace ; pouvoir s'adapter, renoncer ; savoir-être convainquant, humble, cohérent, persévérant... il faudrait donc pouvoir posséder tant de qualités, de vertus, de compétences pour réaliser une recherche qu'aucune femme ni aucun homme ne risquerait de s'y lancer ! Bien sûr que non. Notre propos n'est certainement pas d'affirmer cela. Ce que nous avons voulu indiquer c'est que, à chaque étape qu'un processus de recherche mobilise, il convient d'activer plus particulièrement certaines dispositions mentales spécifiques et que donc, mener à bien un tel processus suppose que celui ou celle qui s'y implique, psychologiquement et mentalement, active les leviers particuliers qui conviennent. Ce sont ces leviers, ces dispositions d'esprit qu'il est bon d'animer tout particulièrement à certains moments du processus de recherche.

D'autre part, nous nous intéressons ici non pas à l'intégralité d'une recherche mais bien au début du processus que nous avons dénommé la construction de l'objet. La notion de construction est adéquate parce qu'il s'agit bien d'une élaboration progressive au sein de laquelle les différentes phases se succèdent, s'articulent, s'imbriquent. C'est aussi une construction parce que le praticien-chercheur n'accepte pas telle quelle la question qui lui vient du terrain mais, à partir d'elle, opère un réel travail de (re)construction intellectuelle.

L'objet de la recherche étant ainsi construit, élaboré, précisé, le chercheur engagera ensuite, sur de bonnes bases, le travail proprement dit d'observation, en fonction des hypothèses explicitées et précisées ; cela signifie qu'il pourra en toute confiance récolter les données pertinentes, constituer son matériau de base, en effectuer l'analyse, interpréter les données, tirer des conclusions, proposer des pistes pour une action future.

Sur tous ces nouveaux aspects, de la récolte des données jusqu'à l'interprétation des résultats qui en résultent, de nombreuses autres opérations seront à réaliser dont la description ne fait pas l'objet de ce livre ; mais sur ces nouvelles étapes du travail, un raisonnement identique à celui que nous venons de suivre pourrait être tenu à savoir percevoir la compétence spécifique qui doit être mobilisée et activée en chaque moment précis du processus. Il y aura donc, à chaque fois, une disposition d'esprit spécifique à privilégier, un positionnement mental à adopter, une attitude émotionnelle et psychologique spécifique à identifier et à prendre.

Si l'acquisition des compétences nécessaires, utiles à la recherche peut s'opérer par une démarche d'apprentissage individuelle et d'autodidaxie, la situation de formation au sein d'un dispositif organisé, qui implique généralement une dimension collective, apparaît comme particulièrement adéquate.

Le dispositif d'apprentissage fait l'objet des pages qui suivent puisque nous tenterons d'y repérer les modalités et les dispositifs qui favorisent l'acquisition des compétences que nous avons passées en revue dans la première partie du livre.

CHAPITRE 4

L'ACQUISITION DES COMPÉTENCES DE LA RECHERCHE EN SITUATION DE FORMATION

Pour mener à bien une recherche de nature scientifique, des compétences spécifiques sont à maîtriser qu'elles soient théoriques, techniques, épistémologiques ou psychologiques. Il s'agit d'acquérir une position globale et multidimensionnelle spécifique et intégrée pour reprendre le concept de ROEGIERS, c'est-à-dire cette capacité de mobiliser des habiletés propres même si, rappelons-le, le but poursuivi par la formation ne consiste pas à transformer les acteurs sociaux en professionnels de la recherche. Il s'agit plutôt d'armer ceux-ci des compétences nouvelles ou réactualisées qui leur permettent de continuer à agir sur leur terrain d'intervention privilégié mais enrichis d'un pouvoir renouvelé d'observation, d'analyse et de compréhension.

Rappelons une fois encore que les acteurs auxquels nous pensons ici se placent dans le modèle du praticien-chercheur et non pas celui du praticien-réflexif qui est une attitude de réflexivité par rapport à sa propre pratique et par rapport à son positionnement personnel en vue d'identifier les erreurs commises et de les corriger dans un processus d'autorégulation et d'accroissement d'une efficience personnelle.

Cette réserve étant posée, nous poursuivons notre réflexion en nous plaçant à présent dans une perspective pédagogique et en nous posant la question : *« comment favoriser l'apprentissage des compétences nécessaires pour mener une recherche en sciences humaines, notamment dans le cadre d'un cours ou d'un séminaire de méthode ? »*. C'est l'objet du chapitre suivant qui traite de quelques modes d'acquisition de ces compétences à commencer par la nécessaire expérimentation c'est-à-dire la mise en situation réelle des praticiens-apprenants-chercheurs dans une démarche complexe ayant du sens.

Nous insisterons également sur l'importance décisive du travail en groupe, sur le caractère collectif et coopératif du processus d'apprentissage. Nous insisterons enfin sur la fonction combien apprenante de l'écriture.

Certains dispositifs pédagogiques sont proposés dans la suite du texte ; ils ont été conçus lors de cours ou de séminaires de méthodologie dont l'auteur est titulaire à la Faculté ouverte de politique économique et sociale et à l'Institut de psychologie et des sciences de l'éducation de l'Université Catholique de Louvain. D'autres dispositifs peuvent bien évidemment être imaginés, par les formateurs et également par les groupes de praticiens en formation, et mis en œuvre aux mêmes fins d'apprentissage de ces compétences [1].

1. Apprentissage complexe ayant du sens

Si nous nous rappelons qu'être compétent signifie être capable de mener une action stratégique face à une famille de situations que l'on maîtrise grâce à des connaissances nécessaires et à la capacité de les mobiliser, il apparaît que la connaissance théorique, cognitive, de règles ou de procédures est certes nécessaire mais elle n'est pas suffisante. Comme l'indique bien ROEGIERS (2001 : 81*), « on ne devient compétent que quand on mobilise la compétence »*. La mise en situation *(quasi)* réelle qui conduit l'apprenant à mobiliser diverses ressources et à développer des habiletés s'avère en effet indispensable. Par exemple, il ne suffit pas de connaître théoriquement la définition du concept d'empathie pour que celle-ci soit réellement acquise en termes de compétence, intégrée. Il faut avoir pu se placer soi-même en situation d'interview et avoir soi-même réalisé un ou plusieurs entretiens pour faire connaissance, concrètement et réellement, avec cette réalité et pour percevoir vraiment ce que signifie cette qualité d'écoute si particulière. Prenons un autre cas : lorsqu'on a mené soi-même un ou quelques entretiens excessivement longs, on deviendra attentif, lorsque l'on réalisera à son tour un projet de questionnaire, à la longueur et à la complexité ennuyeuse de celui-ci.

Notre expérience montre également qu'il ne suffit pas de connaître abstraitement la définition que fournissent quelques auteurs du concept d'hypothèse, aussi riche et détaillée soit-elle, pour pouvoir construire son propre objet de recherche et identifier soi-même une ou des hypothèses propres, c'est-à-dire dont la vérification dans un sens ou dans l'autre permettra d'approfondir la connaissance du champ ; encore faut-il avoir puisé soi-même dans le fond de ses ressources personnelles et de son imagination pour faire émerger une hypothèse digne d'intérêt.

Il en va ainsi pour toutes les autres phases qui composent le processus de la recherche : positionnement disciplinaire clair, identification d'un référent théorique, émergence des modèles de sens dans un traitement qualitatif, appréciation d'une situation de saturation, confection d'un plan d'échantillonnage, etc. : c'est par la mise en

---

1 Quant aux praticiens qui ne se trouvent pas dans un processus de formation, nous pensons qu'ils peuvent malgré tout s'inspirer des dispositifs proposés pour mettre en place des structures ou des modes de fonctionnement proches.

pratique que l'on se rend compte de la complexité de certaines étapes [2] ou, à l'inverse, de la maîtrise plus aisée de certaines situations. Bref, tout apprentissage de la méthodologie de la recherche ne peut se concevoir que dans l'application et dans la mise en pratique de ces nécessaires habiletés. Faut-il encore que cet apprentissage réponde à certaines conditions et notamment, un certain degré de complexité de la tâche. C'est l'objet des lignes qui suivent.

2. Dispositif de formation et modalités de fonctionnement

Il s'agit donc pour le formateur de proposer des situations d'apprentissage *complexes* et qui *ont du sens* pour le praticien-apprenant-chercheur. Pour que ces situations d'apprentissage puissent être mises en œuvre, il nous est apparu que le dispositif en petits groupes, de 3 à 5 apprenants, convient particulièrement bien. Soit ces sous-groupes existent déjà car ils ont été constitués dans une phase préalable au processus d'apprentissage. Soit ces petits groupes n'existent pas encore et nous suggérons de les constituer dès le départ du processus ; cela permet de créer rapidement cette ambiance et cet état d'esprit collectif tellement spécifiques à une équipe de chercheurs. Si les sous-groupes doivent être construits à ce moment, ils gagnent à être constitués sur base d'affinité de familles d'objets d'étude possibles.

Dans une première rencontre de travail qui peut se dérouler sous forme de *brain-storming*, c'est-à-dire en toute liberté de pensée et d'expression, les membres du sous-groupe exposent des faits, des « choses de la vie » qui en ce moment de leur trajectoire professionnelle, idéologique, familiale, culturelle, politique ou de tout autre nature, les intéressent et d'une certaine manière, c'est-à-dire avec plus ou moins d'intensité, les interpellent. On passe en revue ces faits, ces événements, ces situations qui passionnent, qui intriguent, qui questionnent. En voici une illustration à partir d'une réflexion menée au sein d'un groupe de praticiennes-chercheuses en situation de formation (FOPA, 2003).

Situation 16

Un brain storming sur l'identification de faits significatifs

L'un de nous a subi cette année une forme de harcèlement psychologique dans l'institution scolaire où il travaille. D'abord, par la direction ; ensuite, par le groupe de collègues.

La presse nationale et internationale relate une série de préjudices ou d'événements dramatiques (licenciements, mises au placard, suicides...) à la suite de harcèlement psychologique dans divers domaines institutionnels.

Il se crée un peu partout des groupes de soutien aux victimes ou des groupes de sensibilisation et/ou de formation ou d'étude sur le thème du harcèlement moral au travail. Exemple : l'Association nationale des « profilers » [3] et analystes criminels créée par Sylvianne Spitzer [4] en France.

2 Par exemple, choisir un cadre théorique pose souvent d'énormes problèmes aux apprenants-praticiens-chercheurs. C'est d'ailleurs la raison pour laquelle nous avons tant insisté sur cet aspect dans les chapitres qui précèdent.

3 *Profilers* : enquêteurs qui sont chargés d'évaluer la nature du conflit entre les parties en présence.

4 S. SPITZER, psychologue, criminologue. Lutte contre toutes les formes de violence en entreprise et contre le tabou qui règne en France sur la question (contrairement aux pays anglo-saxons).

En Belgique, depuis 4 à 5 mois, le RGPT [5] impose dans les entreprises de la fonction publique une personne-ressource (psychologue) face aux problèmes de harcèlement.

Deux projets de loi et deux Arrêtés royaux sont à l'étude sur le harcèlement moral en Belgique. La Ministre compétente veut remédier à l'absence de législation spécifique sur la violence au travail dans tous les secteurs publics et privés. Trois étapes sont prévues : la mise en place d'un vrai plan de prévention, la désignation d'un conseilleur en prévention chargé d'un rôle intermédiaire et, en cas d'échec ou de faits graves, l'intervention de l'inspection médicale qui pourra dresser des pro-justitia destinés à l'auditorat du travail.

La France, en janvier 2002, vient de modifier son Code du Travail en y introduisant la notion de harcèlement moral et en inscrivant sa répression dans le Code Pénal (loi de modernisation sociale).

Des émissions de télévision comme celle d'ARTE du 22 février 2001 [6] présentent le harcèlement moral comme un phénomène de société.

Des études et recherches sont commandées par différentes instances dans différents pays pour faire face à la violence sur les lieux de travail.

Lorsqu'un fait — ou une famille de faits — est choisi, l'effort d'abstraction dont nous parlions précédemment peut être entrepris : quel est le phénomène social, pédagogique, culturel, économique, etc. qui se tient à l'abri, se cache, se blottit derrière ces faits qui eux seuls sont visibles aux yeux de tous ? Cette démarche est d'autant plus difficile à opérer que derrière chaque fait de nombreux phénomènes peuvent être perçus. Rappelons-nous cet exemple de la perte d'un logement derrière laquelle différents phénomènes peuvent être étudiés, celui de précarité sociale par exemple ou celui d'aménagement de l'espace ou celui de recomposition familiale. Nous avons indiqué dans la première partie du livre quelques démarches possibles qui aident à identifier un phénomène.

En définissant le phénomène puis en le replaçant dans un contexte donné, le sous-groupe identifie, construit petit à petit, progressivement, son champ d'étude ; cela lui permet ensuite, au sein du champ ainsi défini, de préciser en toute autonomie et collectivement ce qui deviendra son objectif spécifique de recherche. Une procédure que nous suggérons de suivre consiste à lister un grand nombre d'objectifs différents ; il s'agit de faire preuve d'imagination en envisageant un grand nombre d'objectifs. Ce qui est extrêmement important à ce stade de la réflexion c'est que le groupe ne reste pas coincé, figé, *scotché* sur un objectif qu'il aurait au départ. Car, même si après écoute d'autres objectifs, discussions, échanges, on en revient au bout du compte à ce premier objectif, il est important de pouvoir envisager d'autres possibles, de pouvoir se « décoincer » et d'oser penser à d'autres pistes, d'autres voies qui ont également du sens. Donc, même si on en revient finalement au premier objectif, celui-ci aura été, par sa confrontation avec les autres possibles, consolidé, renforcé.

Dans une situation d'apprentissage, la démarche décrite jusqu'à présent, c'est-à-dire cette première étape de construction de l'objet peut prendre deux, voire trois, séances de trois ou quatre heures de travail chacune.

5 RGPT : Règlement Général de la Protection du Travail.

6 Soirée Théma sur le « harcèlement moral au travail » dans le contexte français.

Ensuite, il revient au sous-groupe, travaillant toujours dans une dynamique collective empreinte d'écoute mutuelle et de respect réciproque, de rechercher les référents théoriques qui seront les plus pertinents par rapport à l'objectif de recherche préalablement défini. De nouveau, une ou deux séances de travail, individuellement préparées, sont nécessaires pour mener à bien cette étape. Si les différentes tâches que nous venons de présenter — l'identification des faits, la recherche du phénomène, la construction du champ d'étude, la délimitation d'un objectif parmi bien d'autres — appellent à l'imagination créatrice, la maîtrise d'un cadre théorique et l'articulation de celui-ci à l'objectif, obligent à se rappeler des modèles connus, des concepts étudiés, des auteurs vus, des livres lus, des articles consultés.

Il est important que chaque membre du sous-groupe mette en commun ce qu'il connaît de sorte qu'un échange puisse s'organiser à partir de ces apports multiples. On y recherche ce qui pourrait apporter de la cohérence théorique à la réflexion ; tel modèle, telle organisation de la pensée, tels concepts. Dès qu'une piste apparaît, elle doit être creusée ; il ne suffit pas d'affirmer que par rapport à tel objectif de recherche *« Piaget conviendrait bien »* ; il s'avère en effet essentiel, lors d'une prochaine rencontre, parce qu'évidemment on n'a pas toujours l'œuvre de Piaget sous le bras, d'entrer dans le texte, d'examiner avec précision, dans le détail, la signification de tel concept, la complexité de tel modèle, le sens de telle réflexion.

Un témoignage à ce propos :

> « Un élément marquant du processus est l'absolue nécessité de s'enrichir de concepts, de cadres, de modèles… qui permettent l'ouverture vers d'autres pistes. Cette étape est difficile à réaliser car c'est à ce moment là qu'on doit fermer certaines portes… » (une praticienne-chercheuse).

C'est au terme d'une réflexion intégrée et organisée que le chercheur peut alors imaginer plusieurs hypothèses possibles et, parmi celles-ci, opérer un choix. Il va sans dire que au moins une nouvelle séance de travail collectif — alimentée elle-même par de denses réflexions personnelles — est nécessaire pour finaliser, expliciter, rédiger l'hypothèse.

L'objet d'étude s'étant ainsi construit et affiné jusqu'à la construction de l'hypothèse, le sous-groupe peut alors imaginer les techniques d'observation les plus pertinentes, au vu de l'hypothèse. Cette réflexion gagne, dans une situation d'exercice telle que celle que nous décrivons ici, à être menée de façon totalement libre, sans contrainte ni de temps ni de budget. Le sous-groupe peut se mettre en quelque sorte en situation de recherche idéale. Par exemple, si l'hypothèse implique la réalisation d'une vaste enquête quantitative avec un suivi de plusieurs cohortes, le principe de réalité ne doit pas empêcher le sous-groupe de concevoir un dispositif de ce type même si l'on sait qu'il impliquerait, en temps (suivre une cohorte à travers différentes années) et en argent (la récolte de données sur un échantillon nombreux coûte cher), des moyens dont bien sûr aucun des membres du sous-groupe ne dispose. Cela n'empêche pas que l'exercice soit tenté et que le sous-groupe imagine et décrive le plus précisément possible quel serait le dispositif idéal avec, par exemple, un projet de plan d'échantillonnage, les principaux axes du questionnaire, une évolution des marges d'erreur selon l'évolution de la taille de l'échantillon, les analyses qui sont pressenties à partir de la comparaison entre les diverses cohortes, etc. Il démontre ainsi sa capacité à imaginer un dispositif réel et sa compétence à envisager un processus de recherche qui, dans la situation d'apprentissage, est imaginaire mais qui, plus tard, s'avérera effectif.

En résumé, dans le processus collectif que nous venons de parcourir brièvement, chaque sous-groupe construit, à partir de l'ancrage de ses membres et à partir des interpellations des diverses situations rencontrées et des terrains sociaux fréquentés, en s'appuyant sur des éléments théoriques (notamment ceux qui sont présentés dans les différents cours et ateliers du programme), un objet de recherche original ; il peut sur cette base, élaborer le dispositif qui lui permettrait, au cas où la recherche serait effectivement menée jusqu'à son terme [7], d'effectuer les observations empiriques nécessaires.

La notion de « situation complexe » évoquée ci-dessus est comprise dans le sens où les différentes étapes à parcourir sont en quelque sorte intégrées les unes aux autres. Il ne s'agit pas de répondre à une question unique ni même à une série de questions se succédant les unes aux autres. Il faut que la situation proposée et suscitée [8] implique une attitude de cohérence à travers l'ensemble de la démarche, ce qui représente certainement l'une des difficultés majeures de l'exercice. Pourquoi choisir tel modèle théorique par rapport à tel objectif de recherche ? Pourquoi proposer tel dispositif méthodologique par rapport à telle hypothèse ? Pourquoi imaginer telle technique d'observation par rapport à telle population de référence ? Pourquoi effectuer tels traitements informatiques par rapport à telle sous-hypothèse ? etc. À chacun de ces moments, des justifications doivent être fournies, des liens doivent être faits et la cohérence doit apparaître.

Apparaît d'ailleurs ici un critère évaluatif décisif : il faut qu'au terme d'un tel exercice complexe et intégré, la construction méthodologique soit solide, que les diverses étapes s'articulent harmonieusement les unes aux autres et que toutes les décisions adoptées soient explicitées, justifiées et cohérentes les unes par rapport aux autres.

Revenons un instant sur les modalités optimales d'acquisition des compétences et des habiletés nécessaires pour mener à bien un processus de recherche en nous appuyant notamment sur les éléments théoriques développés par BOURGEOIS et NIZET qui ont, spécifiquement en formation d'adultes, travaillé la notion d'apprentissage coopératif en tenant compte des diverses formes que celui-ci peut prendre et notamment la nécessité de fonctionner dans un champ non menaçant.

3. L'apprentissage coopératif

3.1 S'EXERCER DANS UN CHAMP NON MENAÇANT

Dans une logique d'apprentissage et d'acquisition d'une compétence, il est souhaitable de « faire quelques gammes » au sein d'un terrain auquel l'apprenant-chercheur

7 L'objectif de l'exercice n'est pas de réaliser une recherche jusqu'à l'obtention et l'interprétation de résultats mais bien *d'imaginer* un processus de recherche et un dispositif d'observation afin d'acquérir les compétences et les habiletés qu'il sera ultérieurement loisible d'appliquer dans d'autres champs et dans d'autres contextes.

8 L'apprenant-chercheur ira le plus loin possible dans ce cheminement jusqu'à produire des outils d'observation (guide d'entretien, projet de table-ronde, etc.) et il pourra également, s'il dispose de suffisamment de temps, se mettre en situation : réalisation d'un entretien, test d'un questionnaire, première récolte de documents, début de retranscription du matériau, première analyse catégorielle, etc.

n'appartient pas directement en tant qu'acteur social et dans lequel il serait personnellement trop impliqué. Notre expérience nous rapproche du point de vue exprimé par BOURGEOIS et NIZET (1997 : 143) pour qui « *l'apprenant ne sera encouragé à explorer le plus loin possible des voies intellectuelles nouvelles que s'il perçoit effectivement cette entreprise comme non menaçante* ». Dans un exercice d'apprentissage et d'acquisition des compétences de chercheur, il sera donc profitable de tenter de mieux connaître voire de pénétrer un milieu social extérieur au sien, ce dernier pouvant en effet, pour de multiples raisons, apparaître comme « menaçant ». La distanciation serait d'autant plus difficile à opérer que l'engagement dans le terrain est intense. Choisir un terrain plus extérieur, plus éloigné, facilite donc certainement l'acquisition de compétences permettant d'effectuer un processus de distanciation. Il faut, comme l'indiquent bien BOURGEOIS et NIZET, que la situation de formation puisse être appréhendée par l'apprenant comme un espace protégé, propice à l'expérimentation de connaissances nouvelles. Ils insistent également sur le caractère coopératif de l'apprentissage.

En nous basant sur une expérience personnelle déjà longue, nous décrivons ci-dessous deux modalités possibles du travail collectif : d'une part, la mise en place d'un exercice de recherche au niveau d'un sous-groupe et d'autre part, la communication sur base d'éléments acquis lors d'un exercice en grand groupe. Dans notre pratique pédagogique, ces deux procédures nous semblent tout particulièrement efficientes.

3.2 En groupe restreint

Nous avons vu précédemment combien les interactions entre le praticien-chercheur et d'autres intervenants constituent un élément décisif dans la démarche de distanciation. Dans une situation de formation, l'intervention des autres apprenants est déterminante parce que, précisément, elle contribue à l'acquisition des compétences nécessaires : recul par rapport aux prénotions, capacité d'écoute, référence des sources citées, acceptation de la critique, compréhension de modèles théoriques complexes, précision des concepts employés, clarté dans l'expression écrite.

De la sorte, le praticien-chercheur n'est pas seul face à sa recherche. À ses côtés, se trouvent d'autres praticiens-chercheurs qui se situent dans le même type de relation avec leur propre objet de recherche, qui effectuent le même type de découverte et rencontrent le même type de difficultés. Eux aussi sont dans une démarche de distanciation et eux aussi tentent d'identifier un phénomène, un champ, un objectif spécifique avec plus ou moins de bonheur. Chacun s'enrichit donc de la progression des autres apprenants et les interrogations des uns peuvent trouver des solutions grâce à l'éclairage des autres. Ce type d'apprentissage, parce qu'il favorise l'interaction des apprenants et la communication dans le sens d'un partage des savoirs, doit donc pouvoir être organisé dans le groupe des praticiens-apprenants-chercheurs.

L'acquisition des compétences utiles à la recherche s'inscrit dans la perspective de l'apprentissage coopératif développé par BOURGEOIS et NIZET (1997 : 172 et suivantes) ; ce dispositif pédagogique insiste notamment sur l'importance de faire travailler les apprenants

> « en groupes suffisamment restreints que pour chacun ait la possibilité de participer à une tâche collective qui a été clairement assignée. De plus, les apprenants sont censés réaliser la tâche sans la supervision directe et immédiate de l'enseignant ».

Soulignant l'importance des interactions entre pairs, BOURGEOIS et NIZET (1997 : 193) reprennent à leur compte la stratégie du traitement multiple qui suppose que la tâche proposée soit suffisamment riche pour nécessiter une diversité de compétences en vue de sa résolution et afin de permettre à chacun de faire valoir ses compétences propres. Le sous-groupe exerce différentes fonctions, y compris celle de soutien psychologique à ses membres, puisqu'il s'agit parfois, au cours du processus d'apprentissage, de se trouver en situation d'investigation telle que mener un entretien, tester un questionnaire, tenter un récit de vie, s'approprier un logiciel de traitement de données, etc., opérations auxquelles l'apprenant-chercheur n'est pas habitué et dont certaines peuvent être déstabilisantes : refus de répondre, fuite devant l'interviewer, rendez-vous ratés, etc. ; nous reviendrons sur cet aspect.

Le sous-groupe remplit encore d'autres fonctions essentielles : planification du travail (réflexion sur le phasage et sur les moyens), mise en commun de ressources diverses, apports de référents théoriques et également, sinon surtout, tiers-distanciation permanente, ce qui veut dire que le regard de l'autre permet le recul sur ses propres pensées.

Une recherche en sciences humaines, dans n'importe quel centre de recherche digne de ce nom, est aujourd'hui nécessairement collective. Mis à part quelques vestiges, l'image du savant travaillant seul et isolé de tous ne correspond plus à la réalité de la recherche en sciences humaines. Travailler conjointement avec d'autres chercheurs, souvent issus d'autres disciplines que la sienne ou avec d'autres laboratoires, d'autres centres d'étude, etc. constitue la pratique la plus courante. Il y a donc là une réelle compétence professionnelle à acquérir : la capacité d'échanger des informations et des ressources, de collaborer, de critiquer et de tenir compte de l'avis des autres chercheurs. Dans le cadre d'un exercice, la mise en situation d'un travail collectif est par conséquent bien utile car, nous l'avons dit, la méthodologie de la recherche ne s'acquiert plus aujourd'hui que collectivement.

Un autre aspect intéressant dans la définition de l'apprentissage coopératif est en quelque sorte le défaut de supervision « directe et immédiate » de la part du formateur. Cela signifie que le sous-goupe doit fonctionner en tant que tel, de manière autonome, à l'image d'une réelle équipe de chercheurs. De la sorte, les échanges au sein du sous-groupe sont menés de la manière la plus libre qui soit. Le sous-groupe autorégule son activité y compris dans les aspects techniques des tâches qu'il se propose d'accomplir : qui prend des rendez-vous, qui se procure tel article, qui rencontre telle personne-ressource, qui rédige telle partie, qui investigue tel logiciel, etc.

Et puis cette difficulté :

> « Je me rends compte de la difficulté de faire un travail cohérent du début à la fin quand on travaille en groupe. Le processus de distanciation n'est pas évident, la prise de recul par rapport à une situation qui ne provenait pas directement de mon milieu professionnel est difficile quand on la vit par personne interposée sans avoir l'occasion d'aller sur le terrain et effectuer des vérifications » (un praticien-chercheur).

Pour en revenir au rôle du formateur, même si celui-ci n'a pas à intervenir dans la répartition interne des tâches, il lui revient d'être régulièrement à l'écoute de l'évolution du travail. Lors des moments de concertation entre le sous-groupe et le formateur il s'agit pour ce dernier de s'immerger dans le travail réalisé par le sous-groupe en faisant, dans un premier temps preuve de la plus grande empathie ; il s'agit ensuite de fournir les conseils qui ont généralement et principalement pour but de renforcer la cohérence de l'ensemble du processus.

Si le travail en sous-groupe nous semble particulièrement fructueux dans l'acquisition des compétences propres à la recherche, quelques moments de communication dans un groupe plus large sont également très bénéfiques ainsi que la pratique nous l'indique. C'est cet aspect que nous explicitons ci-dessous.

3.3 En grand groupe

Le grand groupe réunit les membres des différents sous-groupes, soit dans la situation pédagogique à laquelle nous faisons référence, entre 20 et 25 apprenants. Lors de ces rencontres plénières qui se tiennent plutôt en fin d'exercice, c'est-à-dire lorsque l'objet de recherche de chaque sous-groupe est construit et que le dispositif d'observation est enclenché et mis en oeuvre, plusieurs objectifs sont poursuivis, notamment :

- présenter l'état d'avancement du travail de chaque sous-groupe ; échanger et communiquer sur des aspects de réalisation des exercices ;
- développer des attitudes de clarification, de formalisation, d'explicitation ;
- partager des situations et échanger sur des expériences multiples et complexes ;
- être capable de se situer soit dans une attitude d'*offre (« je me sens apte à apporter un conseil et un avis sur telle situation-problème »)*, soit de *demande (« je suis prêt à formuler une hésitation ou à recevoir aide et conseil »).*

L'expérience indique également que des échanges de ce type gagnent à être effectués sur base du principe de la contractualisation plutôt que sur celui de l'obligation. Cela signifie que chaque apprenant-chercheur évalue le moment le plus adéquat pour intervenir devant le grand groupe et suggère lui-même l'aspect qui lui semble le plus « intéressant » à exposer aux autres praticiens-chercheurs, c'est-à-dire l'aspect le plus *critique*, le plus original, dans l'avancement de son processus.

À titre d'exemple, nous reprenons ci-dessous une liste de communications proposées par un groupe d'apprenants selon les modalités exprimées ci-dessus : contractualisation, groupe plénier, autonomie dans le choix du sujet.

La construction d'un modèle original à partir de différents cadres théoriques
Le cadre théorique : progrès et circularité
La rencontre avec une personne-ressource en tant que facteur déclenchant le choix d'un objectif spécifique de recherche
L'articulation entre le cadre théorique choisi et le matériau empirique récolté
Le choix d'une technique d'observation en fonction de l'hypothèse
L'élaboration d'un objectif de recherche dans un champ complexe et mouvant
Comment définir sa technique d'analyse de données
L'analyse conceptuelle et la construction du modèle théorique
Définir ses hypothèses par rapport à (en fonction de) son objectif de recherche
Quelle analyse pour quel matériau
L'élaboration du modèle théorique en rapport à l'objectif de recherche

Les intitulés proposés dans cette liste ne recouvrent pas des exposés théoriques mais bien la présentation de situations de recherche vécues par les intervenants c'est-à-dire rencontrées par chaque sous-groupe (ou équipe de recherche) dans le cadre de la construction de son propre objet de recherche.

Il est également souhaitable que les interventions ne soient pas envisagées sur un mode *dramatique* ce qui est fréquemment le cas lorsqu'il s'agit de réaliser un Travail de fin d'études personnel ou un mémoire de licence ou de maîtrise, *a fortiori* lorsque celui-ci concerne un aspect du terrain social que fréquente le chercheur. Le mode opératoire à adopter doit plutôt être celui du professionnel de la recherche ayant pu établir une distanciation assez forte avec son objet de recherche.

Cette capacité de prise de distance et de distanciation, ne signifie pas le détachement ou l'indifférence ; ce mode n'exclut donc pas l'enthousiasme et la passion (qui sera plutôt celle de la découverte et de la recherche) mais il privilégiera davantage les apports de contenus (théoriques, méthodologiques) plutôt que la perspective expérientielle du processus.

On ne le dira jamais assez : la recherche en sciences sociales est un processus à forte dimension collective. Bien sûr, le chercheur en tant qu'individu, la gère, la dirige, lui donne les impulsions qu'il souhaite et en assure la responsabilité quant aux résultats obtenus. Mais très fréquemment, la réflexion gagne à être menée collectivement. C'est l'objet de ce chapitre : indiquer en quoi le travail collectif permet de renforcer une recherche dans la mesure où il favorise la dimension créatrice et l'imagination du chercheur et où il permet que s'effectue de manière décisive le travail de prise de recul et de distanciation.

4. L'utilité du travail collectif

Les moments de travail menés à plusieurs, en Comité scientifique, en Service d'études, en groupes d'étudiants, etc., sont précieux parce qu'ils renforcent la réflexion, activent les imaginations, créent des climats propices à l'émergence d'idées originales. Cela est vrai pour ce qui est de la construction de l'objet de recherche ; cela est toujours vrai dans la mise en place des dispositifs méthodologiques et cela reste vrai au moment de l'interprétation des données.

4.1 Dans la construction même de l'objet de recherche

Tout chercheur sait combien il est pénible de rompre avec des idées qui lui reviennent à l'esprit de manière récurrente, voire obsessionnelle. Comme si un carcan se constituait hors duquel il est quasiment impossible de s'extirper. Ces sortes d'idées fixes empêchent les nouvelles idées de germer. D'où cette impression fréquemment ressentie dans un travail de recherche, de tourner en rond, de rabâcher les mêmes propos. Dès lors, échanger avec un collègue (un collègue chercheur), entamer la réflexion au sein d'un (petit) groupe de travail, rencontrer l'une ou l'autre personne-ressource (nous faisons ici allusion à des personnes apportant une ressource en termes de recherche et non en termes de connaissance du terrain), toutes ces démarches constituent à ce moment de la recherche une aide tout à fait précieuse parce qu'elles permettent des ouvertures mentales indispensables.

4.2 DANS LA MISE EN PLACE DES DISPOSITIFS MÉTHODOLOGIQUES

Les idées fixes existent également en termes méthodologiques. Parce que passionné par la lecture d'un texte consacré à une technique spécifique, le praticien-chercheur a décidé, une fois pour toutes, qu'il aurait recours à cette technique dans le cadre de sa recherche. Tel n'est évidemment pas le raisonnement idéal dans le choix d'une méthode d'observation puisque, rappelons-le, ce choix dépend essentiellement voire exclusivement de l'hypothèse à tester. Et nullement de l'envie que le chercheur aurait, à un moment donné, d'utiliser telle approche méthodologique plutôt que telle autre. De ce point de vue, la réflexion collective est précieuse, féconde, productive. Les avis de collègues ou de personnes-ressources judicieusement consultées pourront en effet conduire à des questionnements féconds sur la pertinence de la méthode au regard de l'hypothèse.

Situation 17
Récits de vie ou entretiens semi-directifs ?

Dans le cadre d'un séminaire de Méthode en sciences de l'éducation, un étudiant, lui-même formateur dans un milieu carcéral, propose de réaliser deux récits de vie auprès de gardiens ayant suivi un nouveau type de formation. Le choix du récit de vie est effectué parce que l'étudiant a suivi, dans le cadre de sa formation universitaire, un atelier méthodologique qui leur était consacré et qui l'a particulièrement passionné.

Une réflexion collective (notre intervention ainsi que les questions posées par les autres membres du groupe) permet à l'apprenti-chercheur de constater que ce choix méthodologique n'est pas pertinent : l'objectif de sa recherche consistant à analyser pour quelles raisons des gardiens entament une formation d'une part et quels sont les effets de formation d'autre part, il s'avère en effet plus adéquat d'utiliser l'entretien de recherche, de type semi-directif, sur base d'un guide d'entretien portant très spécifiquement sur les aspects étudiés que d'entamer la récolte et l'analyse de récits de vie, retraçant les différentes facettes de la vie de ces gardiens.

C'est cette prise de recul et de distanciation, dans le cas ci-dessus, sur la technique proposée, que permettent d'opérer les réflexions collectives, en groupe de recherche, en sous-groupes, en ateliers et séminaires divers.

4.3 DANS L'INTERPRÉTATION DES RÉSULTATS

Le travail collectif est tout aussi essentiel dans l'interprétation des résultats. Faire lire par autrui ses propres analyses et ses interprétations constitue une phase tout à fait décisive d'un processus de recherche et la mise en discussion des résultats d'une recherche s'avère réellement indispensable. C'est ce que les mémorants et les doctorants vivent au sein des commissions d'accompagnement ; c'est ce que les chercheurs professionnels pratiquent quotidiennement dans les centres de recherche et les bureaux d'études ; c'est ce que les praticiens-chercheurs doivent pouvoir trouver au sein de leur service d'études, de leur équipe de travail et de leur groupe de réflexion.

> « Une chose est d'engager l'apprenant à entrer dans une structure de connaissance nouvelle — un nouveau concept, une nouvelle théorie ou une nouvelle compétence — autre chose est de lui donner les moyens d'en « sortir », de pouvoir analyser et évaluer cette structure nouvelle « de l'extérieur », la relativiser, s'en distancier » (BOURGEOIS et NIZET, 1997 : 146).

Les moments de travail collectif permettent de soumettre à la critique de l'autre ses propres idées, ses propres conceptions et contribuent de la sorte à cette indispensable distanciation. Le praticien-chercheur a tout intérêt à mettre en place une structure de réflexion ou d'accompagnement au sein de laquelle ses propres analyses et ses interprétations seront confrontées aux avis des autres participants, où ses projets de textes seront lus et critiqués, où une véritable confrontation intellectuelle pourra avoir lieu.

Citons ici quelques témoignages de praticiens-chercheurs en formation :

« Il faut apprendre à construire un travail de recherche en groupe, avec une prise de conscience de l'apport de chaque composante de ce groupe. »

« La confrontation en sous-groupes est essentielle. »

« Le sous-groupe de praticiens-chercheurs a eu des échanges très riches et mouvementés aussi pour cerner et préciser notre hypothèse ; c'est aussi la confrontation avec les modèles théoriques qui nous a permis d'adopter une attitude et un positionnement de chercheurs. »

« Le travail collectif est décisif ; il oblige à expliquer aux autres les idées et de la sorte, aide à mieux clarifier ses propres idées. Les réactions des autres, leurs idées, leurs propositions conduisent à une réflexion beaucoup plus riche qu'une réflexion individuelle. »

Quant à GILLARD et MOURAUX, ils indiquent ci-dessous à quels moments leurs recherches ont connu un caractère collectif et en quoi cela leur fut profitable. Pour GILLARD, tout d'abord.

Situation 18

Redoublement et motivation : l'utilité du travail collectif

Ce travail de recherche fut collectif à plusieurs moments :

- Lors des séances de travail avec la commission d'accompagnement du mémoire : à plusieurs reprises, les échanges avec les membres de cette commission m'ont été très utiles pour la suite de la recherche. Par exemple, lorsqu'il s'est agi d'enrichir le cadre théorique de la réflexion à certains aspects plus sociologiques liés à la question de recherche. Comme je l'ai expliqué plus haut, cela m'a donné les moyens d'aborder la problématique que je souhaitais étudier en élargissant davantage le cadre de réflexion.
- Lors d'un « Séminaire d'intégration » : les différents « praticiens-chercheurs » en formation sont invités à échanger entre eux à propos des questions ou des difficultés qui surgissent lors de l'élaboration progressive du travail de recherche. À titre d'exemple, je dirais qu'à l'occasion d'une de ces séances, j'ai eu l'opportunité de réfléchir — avec d'autres — à la formulation de mes hypothèses de recherche ; ce qui m'a inconstestablement aidé pour la suite du travail.
- Lors de certaines discussions avec quelques collègues qui s'intéressaient aux résultats — encore partiels — des analyses d'entretiens : s'ils les trouvaient intéressants, ils étaient étonnés de voir qu'ils ne portaient « que » sur quelques entretiens et se posaient la question de la fiabilité des résultats. Ayant également été interpellé à ce sujet par ma commission d'accompagnement, j'ai dû redéfinir de façon plus précise la pertinence d'une recherche qualitative pour traiter la problématique qui m'occupait.

Situation 19

Accompagnement de l'étude « coûts scolaires »

L'expérience de MOURAUX est originale parce que n'étant pas, rappelons-le, en situation de formation personnelle, elle a pris l'initiative de chercher des lieux existants et même d'en constituer de nouveaux pour donner à sa démarche une dimension collective lui permettant sans cesse de se distancier. Voyons ces lieux.

La recherche a été accompagnée par une réflexion collective menée à cinq niveaux bien différents :

- Le département au sein duquel elle travaille est la structure responsable de la recherche et a suivi l'avancement du travail ; toutefois, par manque de temps et vu l'ampleur des tâches qui lui sont confiées par ailleurs, il n'a pu activement participer qu'en fin de recherche, au moment de l'appropriation des résultats par le Mouvement.
- Un séminaire de méthodologie (organisé par le bureau d'études Sonecom, chargé de la récolte et du traitement des données) a permis une réflexion très approfondie sur le champ d'étude, les objectifs et les hypothèses.
- Le comité d'accompagnement, composé d'un représentant du ministre Nollet, d'un juriste spécialisé en droit scolaire, du directeur de Sonecom, du directeur du REF et de la chercheuse, a décidé des grandes orientations de la recherche : champ d'étude, objectifs, méthodologie. Il a été tenu au courant de l'avancement de la recherche et a été invité à réagir au rapport intermédiaire.
- Le ministre Nollet et ses conseillers ont reçu les responsables de la recherche et ont échangé remarques et suggestions, en particulier sur l'impact des résultats sur la politique à mener, tant au niveau du cabinet (circulaire, législation) qu'au niveau de l'éducation permanente (information des familles sur les droits et devoirs en matière de frais scolaires).
- Un « Groupe Enseignement » qui réunit régulièrement divers experts en cette matière a été informé tout au long de la recherche et a longuement réfléchi aux commentaires politiques à en tirer et aux éventuelles actions qui pourrait en découler.

Même si MOURAUX a pu, de son initiative, mettre en place plusieurs lieux de réflexion collective au sein de son organisation, il faut malheureusement constater qu'il est assez rare d'observer ce type de pratique dans laquelle des collègues sont disposés à (ou disponibles pour) remplir ce rôle. Les exigences de l'action sont tellement fortes et exigeantes que bien souvent elles freinent cette dynamique. De ce point de vue, il y a certainement un effort réel à accomplir au sein de nombreuses associations et mouvements mais cela dépasse le cadre de cet ouvrage.

5. La distanciation par l'écriture

Nous trouvons chez De QUEIROZ (1995) une idée qui nous est très chère :

> « L'écriture n'est pas une simple technique. (…) Écrire ce n'est pas seulement enregistrer, redoubler et fixer la parole, c'est voir le monde autrement (…), c'est un instrument d'objectivation. (…) Ecrit, extrait de son immersion dans l'action immédiate, dans la pratique, le langage introduit la pensée à une dimension de réflexivité » (1995 : 48).

S'extraire de son immersion dans l'action immédiate, voilà qui est joliment écrit ! Et nous retrouvons d'ailleurs ici le point central du processus de distanciation : s'extraire de l'action immédiate. L'écriture contribue fortement à ce cheminement d'extraction et l'on peut affirmer que si la parole est vraiment de l'ordre de l'action, l'écriture est fondamentalement de l'ordre de la recherche [9].

L'écriture d'un texte scientifique, d'un rapport de recherche est certainement l'une des compétences vis-à-vis de laquelle les praticiens, les acteurs de la vie sociale rencontrent les plus grandes difficultés. Même si l'action implique l'écriture, celle-ci consiste souvent dans la rédaction de notes, de synthèses, de rapports, de procès verbaux

9 Même si nous sommes bien sûr conscients que l'action a aussi besoin d'écriture et la recherche de paroles et d'actes !

ou de comptes rendus. Or l'écriture propre à la recherche est tout à fait spécifique. Le produit d'une recherche est en effet un rapport écrit, généralement long, comprenant de nombreuses parties qui doivent être cohérentes et articulées les unes aux autres ; des introductions doivent être imaginées, des conclusions tirées, qui guident le lecteur dans le processus d'observation et de dévoilement d'une réalité sociale souvent complexe. C'est là un aspect qui nous semble essentiel : la capacité du chercheur d'opérer des liens. Des liens entre les idées, entre les chapitres. Des liens qui peuvent prendre la forme d'une introduction au départ de l'idée : on y définit la raison pour laquelle cette idée sera traitée, la place qu'elle occupe par rapport à l'hypothèse, par rapport au cadre théorique, etc. Les liens sont également présents dans les conclusions des différentes parties, des chapitres. On y rappelle pourquoi telle idée é été développée, à quelle fin telle méthode a été appliquée, telles données récoltées, telle analyse réalisée. On ne craint pas de mettre à nu le cheminement scientifique de la démarche qui est, en quelque sorte, le laboratoire de la recherche. Ainsi, le lecteur est aidé, guidé dans sa lecture. Il identifie aisément les développements effectués et les arguments apportés et il saisit sans difficulté le *statut* des phrases, des citations, des données, des analyses et des interprétations.

L'expérience montre toutefois que cet effort permanent de liaison, ce « liant » utile quant à la forme mais aussi quant au fond puisque, grâce à lui, apparaît au lecteur la cohérence méthodologique et théorique de l'ensemble du travail, est difficile à mener par le praticien-chercheur qui est plus fréquemment habitué, dans le cadre de sa pratique d'acteur, soit à une culture orale, soit à la rédaction de textes courts, directs.

Dans le cadre d'un apprentissage ou d'un exercice tels ceux auxquels nous avons fait référence, s'exercer à développer cette compétence basique et pourtant essentielle, nous semble de la plus haute importance car chacun de ces moments d'écriture sera un moment de réflexion rigoureuse sur le sens des mots, sur le recours à tel concept, sur la méfiance vis à vis de l'usage de telle notion, etc.

6. Conclusions

Après avoir examiné quelles sont les principales compétences à mettre en œuvre par le praticien-chercheur, nous avons vu, en nous basant sur notre propre pratique de formateur (ALBARELLO), d'apprenant (GILLARD) et de praticienne-chercheuse (MOURAUX), les facteurs qui favorisent l'apprentissage de ces habiletés. Nous avons insisté sur le fait que l'un de ces facteurs est le travail collectif car la distanciation va quasiment de pair avec le travail collectif.

Le dispositif d'enseignement que nous avons décrit nous semble rejoindre ce que ROEGIERS (2001 : 123) nomme la pédagogie de l'intégration puisque ce dernier insiste également sur les quatre critères suivants : 1) situer l'apprentissage par rapport à une ou des situations significatives ; nous avons souligné toute l'importance de ce positionnement ; 2) développer les méthodes actives d'apprentissage et notamment des résolutions de problèmes et des études de cas ; c'est dans cette perspective que nous nous sommes assurément situés ; 3) proposer régulièrement des activités d'intégration des acquis ; c'est l'option que nous préconisons à différents moments du processus ; 4) organiser une évaluation formative débouchant sur un diagnostic des difficultés des apprenants et sur la mise sur pied de dispositifs de remédiation ; c'est à notre avis la principale fonction du formateur lors de l'apprentissage de ces compétences.

CHAPITRE 5

LE RETOUR À L'ENGAGEMENT SOCIAL

Par la mise en œuvre des compétences tout au long du processus de recherche, celui-ci étant lui-même inscrit dans une durée précisément définie, le chercheur-acteur s'est en quelque sorte intellectuellement extrait du pôle de l'engagement (social) pour tendre vers celui de la distanciation (méthodologique). Il est toutefois essentiel qu'au terme de sa recherche, un cheminement inverse puisse être accompli. Cela signifie qu'un retour doit pouvoir avoir lieu, à partir de résultats maîtrisés et distanciés, vers l'engagement et vers l'action. Cela est le cas lorsque les recherches menées par les praticiens-chercheurs aboutissent à des propositions d'action. C'est donc bien le cheminement inverse de celui qui nous a occupés jusqu'à présent qui s'accomplit à ce moment-là : on part de l'analyse du champ et d'une connaissance accrue de l'un de ses aspects pour retourner, aguerri et renforcé, vers le terrain social. Cela peut être visualisé de la sorte :

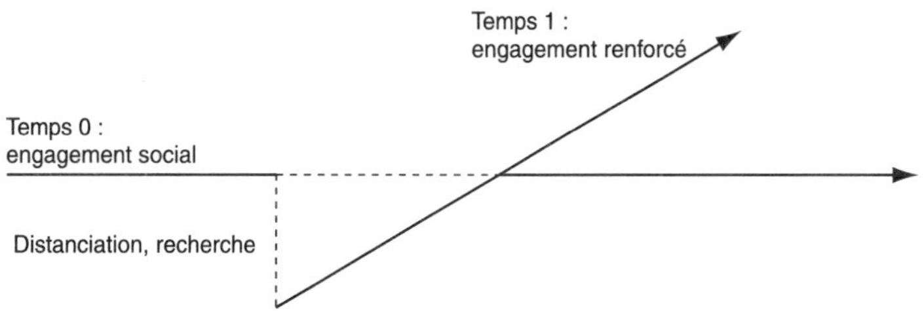

En nous appuyant à nouveau sur les deux recherches menées par les praticiens-chercheurs, nous verrons tout d'abord comment les résultats d'une étude (coûts scolaires) peuvent s'inscrire dans la stratégie d'une organisation et en quoi ils constituent un véritable outil pour l'action ; nous verrons ensuite différents aspects concernant la réappropriation des résultats de recherche par le terrain social, notamment les facteurs organisationnels qui facilitent ou au contraire handicapent celle-ci.

1. La recherche, outil pour l'action

Les résultats de l'étude sont-ils destinés à un classement vertical ou, ce qui revient fort au même, à être rangés dans quelque rayon poussiéreux d'une bibliothèque ou au contraire sont-ils effectivement pris en compte par l'organisation, le terrain, les acteurs ? La question qui est ici posée est celle de la *traduction* d'acquis scientifiques vers une utilisation par l'acteur social. Ce cheminement n'est pas automatique bien qu'il soit important que les résultats de la recherche, obtenus rigoureusement, dans une démarche scientifique, rappelons-le, puissent devenir (ou initier) des outils qui remplissent une utilité pour l'action sociale. Nous pensons qu'il est légitime qu'au terme de sa démarche de recherche, le praticien-chercheur aide à opérer cette traduction. Tant par les conclusions qu'il tire et par les propositions qu'il adresse que par les mots qu'il utilise et les suggestions qu'il évoque.

Dans la première illustration de MOURAUX, les résultats obtenus au terme de l'étude deviennent une réelle pièce au dossier de la démocratisation de l'école. C'est dans ce sens que l'on peut évoquer la notion de *recherche pour l'action* [1]. Les commentaires qui suivent rappellent les buts de mission de l'organisation et s'appuient sur les résultats obtenus par la recherche pour définir des axes stratégiques, notamment vers une réduction des inégalités constatées et vers un développement des pratiques de solidarité.

Situation 20

Le coût scolaire : un outil pour l'action

Dès le départ, l'organisation souhaite utiliser cette recherche pour nourrir sa connaissance du phénomène de la démocratisation de l'école ; elle travaille donc à composer des commentaires d'ordre politique qui pourraient accélérer cette démocratisation en pointant diverses pratiques à encourager dans les écoles.

Commentaires :

Les constats établis grâce à cette recherche confortent le mouvement éducatif

- dans sa volonté d'avancer vers la gratuité totale dans l'enseignement obligatoire en diminuant le coût scolaire privé,
- dans son combat pour réduire les inégalités que produit et renforce la non-gratuité.

Diminuer le coût scolaire privé

Le contexte économique et politique actuel ne permet pas d'imaginer dégager des budgets suffisants pour subsidier toutes les activités et tous les services fournis par l'école contre paiement.

Par ailleurs, il serait inopportun de réclamer la suppression pure et simple de tous les frais scolaires, car ils donnent accès à des activités et services utiles et satisfaisants : ils participent directement à la réussite scolaire des élèves en facilitant leur découverte du monde et en donnant du goût et des couleurs au travail scolaire.

Toutes les écoles déclarent offrir aux familles des activités payantes et toutes les familles disent en consommer. Mais la variation impressionnante du montant estimé des frais (de 12,5 euros à 500 euros par an par enfant) révèle l'existence de stratégies éminemment différentes d'une école à l'autre.

1 Plutôt que « recherche-action », cette appellation recouvrant une méthodologie très spécifique

Il apparaît par conséquent essentiel de développer la vigilance de tous afin de réduire ce coût. Comment ? En menant diverses actions :

- reconnaître au Conseil de participation le droit et le devoir de donner son avis sur toute décision impliquant un coût privé ; la vigilance s'exercera notamment par l'examen collectif du rapport coût (financier)-bénéfice (pédagogique) ; elle sera renforcée lors de l'inscription de certaines activités dans le Projet d'établissement (cette inscription suffit pour que l'activité devienne obligatoire et que les frais qu'elle entraîne soient exigibles auprès de tous les élèves) ;
- revoir à la baisse la liste des frais admis fixée par l'article 100 du décret missions, en priorité les frais les plus fréquents, ceux liés aux activités culturelles et sportives ;
- encourager les pratiques d'économie telles que les achats en grande quantité et les réductions de groupe, facilitées notamment par la coordination entre les écoles.
- veiller à ce que les écoles appliquent effectivement le coût réel, ainsi que le prévoit le décret pour les frais exigibles, et ne dégagent donc pas de bénéfices ; étendre cette obligation aux frais facultatifs ;
- réclamer la transparence des comptes financiers des écoles de tous les réseaux ; demander l'instauration d'un contrôle de ces comptes par les instances scolaires ; la facturation peut être un moyen d'établir cette transparence et d'organiser la mémoire financière de l'école ;
- exiger l'application de la loi qui interdit le marketing et la publicité dans les écoles ;

Réduire les inégalités

Le coût scolaire privé renforce les inégalités entre les enfants, entre les familles et entre les écoles. Il est devenu un des critères de choix de l'école par les familles car la facture attendue écarte les unes et attire les autres ; les écoles se spécialisent en écoles riches et écoles pauvres selon l'épaisseur du portefeuille des parents et selon leur implantation socio-géographique ; dans les classes, les enfants des mauvais payeurs se sentent mal vus par leurs camarades et leurs enseignants.

Un tiers des familles interrogées estiment payer trop et déclarent avoir des difficultés à régler les frais scolaires.

Il apparaît par conséquent essentiel de développer des pratiques de solidarité :

- exiger que toute activité payante collective liée au travail scolaire, qu'elle soit réputée obligatoire ou facultative, soit effectivement réalisée par tous les élèves sans exception. Aucun d'eux ne peut en être privé et rester sur la touche. Les enfants ne peuvent porter le poids d'une décision ou d'une contrainte dont leurs parents sont responsables ;
- planifier au début de chaque année les activités et services payants et calculer des forfaits adaptés à la capacité contributive des familles ; cette planification forfaitaire peut avoir comme effet positif de distinguer le droit de participer à une activité de l'obligation de la payer ;
- organiser une aide réelle des familles en difficulté de paiement, sous forme d'un étalement des délais, d'une réduction du montant exigé ou de l'octroi de la gratuité ; informer largement et clairement des procédures à suivre pour obtenir cette aide et garantir la confidentialité ; constituer une caisse de solidarité afin d'alimenter cette aide ;
- installer un système de solidarité entre les écoles ;
- cesser d'utiliser les élèves et les enseignants comme trésoriers et percepteurs : le recours à la facturation, l'adresse aux parents, la désignation d'un trésorier au sein de l'école sont des moyens de rendre plus anonymes et moins pénibles les échanges financiers.

2. Éléments organisationnels et compétence personnelle

Deux types de facteurs jouent un rôle décisif dans l'appropriation des résultats d'une recherche par les terrains sociaux : le contexte organisationnel ou institutionnel global d'une part (les éléments de contexte) ; l'attitude, la compétence du praticien chercheur à faire partager aux acteurs les acquis de son travail. Et l'on sait que le rapport entre l'individu et l'organisation est complexe.

Les éléments de contexte constituent la dimension la plus visible dans les illustrations présentées ci-dessus et elle est en effet déterminante : si l'organisation particulière ou le terrain dans son ensemble n'a pas un intérêt stratégique à valoriser les acquis d'une recherche, les efforts communicationnels du praticien connaîtront certainement peu d'effet. Comme l'indique bien CROZIER,

> « un outil intellectuel nouveau ne peut être utilisé, ne peut imposer une nouvelle façon de raisonner, c'est-à-dire constituer une nouvelle rationalité, que s'il trouve un groupe ou un milieu porteurs et si le système se transforme pour l'accueillir. Tout développement nouveau se heurte à la résistance du système établi. Sa réussite dépend du degré d'ouverture de celui-ci qui peut non seulement bloquer la diffusion de la nouvelle rationalité, mais peut même paralyser la découverte de nouveaux raisonnements. Nous retrouvons ici nos réflexions antérieures sur les organisations comme une structuration du champ qui empêche l'apprentissage et la découverte » (1977 : 320).

S'il doit donc avoir foi dans son projet et confiance en sa recherche, le praticien-chercheur gagne toutefois à bien connaître le contexte organisationnel au sein duquel il fonctionne ; cela lui permet d'exercer son sens stratégique afin de diffuser la nouvelle rationalité, pour reprendre le concept de CROZIER, à laquelle sa recherche a contribué.

La relation complexe, l'articulation, entre la recherche et l'innovation est également traitée par DEMAILLY (1996 : 170) qui replace bien ce débat déjà ancien de la manière suivante :

> « L'innovation comme processus aboutissant à l'invention (absolue ou relative) de nouveaux produits, services, procédures, organisations ou relation, se distingue conceptuellement clairement de la recherche, activité intellectuelle identifiable aboutissant à la production de nouvelles connaissances théoriques, méthodologiques et empiriques. Mais comme les applications des connaissances scientifiques sont source de nombreuses innovations, la gestion de l'innovation a souvent pratiquement partie liée avec celle de la recherche-développement et ceci bien que de nombreuses innovations ne puissent être considérées comme des conséquences des découvertes et constructions scientifiques. »

L'auteure rappelle qu'il existe deux principaux types de rapports entre la recherche et l'innovation. Tout d'abord, le modèle déductif et linéaire dans lequel la recherche scientifique (d'abord fondamentale et ensuite appliquée) aboutit au développement d'innovations absolues, c'est-à-dire valables pour l'ensemble du champ, puis à la diffusion et au transfert de celles-ci dans un secteur spécifique du champ (des innovations relatives). Ensuite, le modèle interactif, circulaire, tourbillonnaire dans lequel innovation et recherche s'impulsent mutuellement tout en sauvegardant une certaine autonomie ; ce modèle accorde une place centrale à l'innovation en tant que :

> « phénomène social complexe, faisant intervenir, aussi bien dans le cas de la diffusion d'innovations technologiques que dans le cas d'innovations sociales, des facteurs économiques, politiques, organisationnels et culturels, qui autorisent l'appropriation effective de l'innovation » (172).

Quant à savoir quel modèle organisationnel serait le plus disposé à intégrer les résultats de la recherche et à adopter une position favorable à l'innovation, DEMAILLY résume sa position comme suit : « Les travaux sociologiques convergent donc vers l'idée que les caractéristiques principales des organisations propres à mettre en œuvre le modèle tourbillonnaire de la gestion de l'innovation et donc à faciliter la production effective d'innovations (qu'il s'agisse d'une première émergence ou d'une dissémination) sont qu'elles sont d'une part décentralisées, ouvertes, flexibles, et d'autre part entrepreneuriales » (174) ou pour reprendre la terminologie de MINTZBERG, une configuration adhocratique [2].

BONAMI (1996 : 209) examine des conditions organisationnelles d'implantation d'innovations [3]. Nous en reprenons ici quelques unes à titre indicatif : la présence de groupes d'acteurs sensibilisés (des acteurs surtout internes et coalisés) ; le rôle décisif joué par la direction de l'organisation (qui prend en charge le pilotage opérationnel d'un projet) ; un contexte exerçant une pression qui donne sens au projet et permet la libération de ressources nouvelles ; un mode de coordination « par ajustement mutuel » (rencontres fréquentes entre acteurs, intensification des contacts, nouveaux mécanismes de liaison) ; une polarisation des acteurs vers une recherche de qualité des services ; et, de manière générale, comme cela a été souligné précédemment, un fonctionnement de type adhocratique : nouveaux modes de liaison, structure organique, adaptation à l'environnement, etc.

Si le contexte organisationnel est favorable à la diffusion des résultats de l'étude, il importe que le praticien qui l'a menée soit aussi disposé à les valoriser auprès des autres acteurs stratégiques et hiérarchiques. Pour ce faire, c'est la compétence de la communication interpersonnelle ou organisationnelle qu'il importe d'activer. C'est la capacité de persuasion qui entre en jeu, la conviction que l'on mettra à diffuser et à défendre les conclusions de sa recherche. Cela implique une condition élémentaire : que le produit de la recherche, c'est-à-dire le rapport qui en présente la méthodologie ainsi que les résultats, soit présenté correctement quant à sa forme et qu'y apparaissent clairement l'utilité et l'importance de ces derniers.

---

2 La configuration adhocratique adopte principalement le mécanisme de l'ajustement mutuel (NIZET, 227) : communication des opérateurs entre eux sans contrôle bureaucratique ou personnel. Il y a là peu de place pour la standardisation des résultats, des qualifications et des procédés car l'organisation est destinée à innover ; autonomie importante des opérateurs, maximum de coordination entre les différentes unités (organisation plutôt jeune et de petite taille). L'ajustement mutuel constitue un des mécanismes de coordination défini par NIZET (34) en tant que communication informelle entre les opérateurs qui s'échangent leurs compétences et leurs savoir-faire, sans contrôle spécifique par la hiérarchie. Cela n'exclut pas que le travail des opérateurs soit ensuite examiné ou coordonné par une supervision directe.

3 L'analyse de BONAMI concerne plus particulièrement le champ scolaire mais nous pensons qu'elle pourrait être appliquée à de nombreux autres champs d'étude.

3. Appropriation des résultats des recherches par les acteurs

Nous envisageons ci-dessous diverses situations d'appropriation par les acteurs du terrain. Ce « retour » peut en effet prendre des formes bien différentes et l'appropriation des résultats de la recherche par le terrain social en général (ou par l'organisation qui a été l'objet même de la recherche ou qui a constitué le contexte au sein duquel l'objectif de recherche avait été défini) et plus largement par l'ensemble de acteurs concernés, peut en effet s'opérer de différentes manières, avec une intensité variable.

3.1 L'APPROPRIATION FORTE

Le graphique ci-dessous indique que l'engagement en Temps 1, c'est-à-dire après que la recherche aie été réalisée, se trouve renforcé, multiplié, enrichi par rapport au Temps 0, c'est-à-dire avant que la recherche ne soit effectuée.

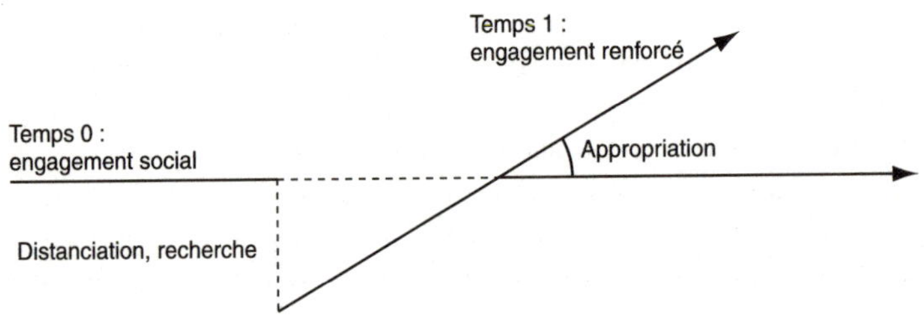

Dans ce cas d'une appropriation élevée, le rapport d'étude, est presque immédiatement intégré dans le champ par l'un ou l'autre acteur social. Le rapport est reproduit, il circule dans les institutions concernées, il fait l'objet de présentations orales devant les instances de direction. Il fait parfois l'objet d'articles de synthèse dans la presse du mouvement ou de l'organisation : une recherche scientifique a eu lieu, il faut le faire savoir ! Il faut que les conclusions de cette recherche, en particulier les « pistes pour l'action » ou les « éléments propositionnels » qu'elle suggère, soient pris en compte par les acteurs. Dans ce cas favorable, le praticien-chercheur accompagne sa recherche, en présente les résultats, communique à partir d'eux.

Voyons comment, dans le cas de l'étude sur le coût scolaire privé, les résultats de la recherche ont été appropriés par des acteurs sociaux et politiques concernés.

La citation ci-dessous montre bien jusqu'à quel point, y compris juridique et législatif, des résultats d'une recherche menée par un praticien-chercheur peuvent être pris en considération et comment ils sont susceptibles de modifier l'ensemble du champ étudié et du terrain social concerné.

Situation 21
Le coût scolaire : appropriation des résultats de la recherche par l'acteur socio-politique

La conférence de presse présentant les résultats de la recherche est marquée par un succès considérable : tous les grands journaux sont présents, les deux télévisions et quatre radios réalisent des interviews de la chercheuse. Le sujet est couvert de manière parfois sensationnaliste par les médias : des titres du genre « une famille sur trois en difficulté » s'étalent dans les quotidiens du pays.

Évidemment, la présence du ministre Nollet à cette conférence de presse joue un rôle primordial dans le « succès » de la recherche, non seulement parce qu'il montre ainsi qu'il travaille en étroite collaboration avec l'associatif et le scientifique réunis, mais aussi parce qu'il rend publique sa volonté de s'appuyer sur cette collaboration afin de prendre des mesures concrètes allant dans le sens de la réduction des frais scolaires et de l'encouragement de la solidarité. Les deux partenaires sont gagnants : le politique parce qu'il fait confiance à l'associatif et s'appuie sur les citoyens qu'il représente, et l'associatif parce qu'il montre son utilité politique.

Mais cette appropriation des résultats de la recherche par le politique n'aurait été qu'une mascarade médiatique si elle n'avait été suivie d'effets réels. Le 12 juillet 2001, un décret est voté par le parlement de la Communauté française : il introduit des modifications au décret « missions » :

L'article 69 définit les missions du Conseil de participation ; il est complété par deux nouvelles missions :

> 7° de mener une réflexion globale sur les frais réclamés en cours d'année, notamment ceux qui sont liés aux activités culturelles et sportives s'inscrivant dans le projet d'établissement ;
>
> 8° d'étudier et de proposer la mise en place d'un mécanisme de solidarité entre les élèves pour le paiement des frais visés au 7°.

Dans l'article 100, sont apportées les modifications suivantes :

- *Dans le §2, alinéa 1er, le point 2° et le point 3° sont abrogés* : cela signifie que dans l'enseignement fondamental, les photocopies et le journal de classe ne font plus partie de la liste des frais admis.
- *Dans le §2, alinéa 2, le 4° est abrogé* : cela signifie que dans l'enseignement secondaire, le journal de classe ne figure plus dans la liste des frais admis.
- *Dans le §4, alinéa 2, les mots « pour les frais visés au §2 » sont remplacés par les mots « pour les frais visés au §2 et 3 »* : cela signifie que l'injonction faite de respecter l'article 11 (à savoir que les établissements doivent prendre en compte les origines sociales et culturelles des élèves) concerne non seulement les frais contenus dans la liste mais aussi les autres frais facultatifs (fournitures, activités, abonnements, etc.).
- *Le §2, alinéa 2, 2° est complété par la phrase suivante : « sur avis conforme du Conseil général de concertation pour l'enseignement secondaire, le gouvernement arrêtera le montant maximum du coût des photocopies par élève »* : cela signifie qu'une limite sera établie aux frais pour photocopies dans le secondaire.
- *Dans le §3, les mots suivants sont ajoutés en fin de phrase :« ils sont réclamés à leur coût réel pour autant qu'ils soient liés au projet pédagogique »* : cela signifie que les frais facultatifs qui entrent dans le projet pédagogique (ce qui exclut par exemple les frais liés aux repas et boissons) doivent eux aussi être calculés au coût réel (auparavant, cette injonction ne concernait que la liste des frais admis).
- Le §4 est remplacé par la disposition suivante : « §4. Les pouvoirs organisateurs sont tenus dans la perception des frais de respecter les dispositions de l'article 11 ».

- Avant le début de l'année scolaire, et à titre d'information, une estimation du montant des frais réclamés et de leur ventilation est portée par écrit à la connaissance de l'élève s'il est majeur, ou de ses parents ou de la personne investie de l'autorité parentale s'il est mineur.
- Le non-paiement des frais ne peut en aucun cas constituer un motif ni de refus d'inscription ni d'exclusion.
- Les pouvoirs organisateurs peuvent mettre en place un paiement forfaitaire correspondant au coût réel des frais.

Toutes ces mesures décrétales nouvelles convergent vers les conclusions de la recherche :

- La réduction du coût scolaire privé se concrétise par l'exclusion ou la limitation de certains postes de la liste des frais admis et par l'injonction de pratiquer le coût réel pour tous les frais liés au projet pédagogique, même les facultatifs.
- La réduction des inégalités causées par le coût scolaire privé se marque dans l'injonction faite aux pouvoirs organisateurs de prendre en compte les origines sociales et culturelles des élèves dans la perception des frais ; elle se concrétise également dans l'interdiction de considérer le non-paiement comme motif de refus d'inscription ou d'exclusion et dans la mission nouvelle du Conseil de participation qui consiste à proposer un mécanisme de solidarité entre les élèves.
- La prise en compte du coût scolaire privé et des difficultés qu'il pose aux familles est encouragée par le fait de charger le CP d'y réfléchir de manière globale et par l'obligation nouvelle d'informer les familles avant le début de l'année scolaire sur le volume et la répartition des frais.

De la distanciation à l'engagement

Le passage de l'état de chercheur à celui de militant et vice versa s'est produit à de multiples reprises tout au long de cette année, depuis la conception de la recherche jusqu'à sa publication et sa traduction politique. Ce passage a sans doute été facilité par l'habitude acquise par la chercheuse du travail réalisé au sein de son département, travail qui nécessite de constants va-et-vient entre le scientifique, l'associatif et le politique.

Dans cette recherche, aucune réticence politique n'a gêné la recherche ni la chercheuse : tous les résultats en sa possession ont été exposés et aucun d'eux n'a posé de problème éthique ou politique. La rédaction des commentaires politiques est sans doute l'acte qui concrétise le mieux ce passage de la distanciation vers l'engagement : avec l'aide de ses conseillers, la chercheuse a rédigé ces commentaires politiques en se basant systématiquement et intégralement sur les résultats objectifs de la recherche. La présentation qu'elle en a fait à la presse télévisée, parlée et écrite a allié les informations scientifiques issues de la recherche et les recommandations politiques issues du Mouvement.

Rares sont les objectifs de recherche qui ne sont pas ancrés dans un terrain, qui ne sont pas articulés à des préoccupations sociales. Il est normal et souhaitable, comme nous l'avons vu dans cette illustration, que le champ récupère, intègre, s'approprie, utilise les résultats d'une recherche qui le concerne. Rien de plus précieux puisque cette appropriation signifie que la recherche a été « utile », en tous cas a permis une meilleure compréhension du champ : des dysfonctionnements ont été dévoilés, des configurations analysées, des effets pervers mesurés ; des pratiques ont été identifiées, des attitudes sont apparues, des modèles de pensée ont été construits, etc.

On peut affirmer que plus les agents de l'action sociale prennent connaissance des résultats objectifs fournis par des études dans leur domaine de compétence, plus des décisions adéquates pourront être adoptées, de nouvelles pistes d'action apparaîtront, des enjeux émergeront. Tout cela est socialement « utile ».

Utilité pour le terrain mais également dans une perspective de connaissance scientifique. Des hypothèses ont été testées. Des cadres théoriques ont été validés ou contestés, des concepts ont été affinés.

Malheureusement, dans d'autres situations de recherche, comme nous allons le voir à présent, certains résultats ne sont pas aussi rapidement intégrés dans l'action sociale.

3.2 L'APPROPRIATION LENTE

Les organisations sont généralement prudentes et les systèmes d'action souvent statiques, peu portés vers le changement ou l'innovation. Il n'est donc pas rare qu'une méfiance excessive se manifeste par rapport à des résultats d'études. La recherche ne contient-elle pas quelques considérations qui risqueraient de nuire à l'image de l'organisation ou du pouvoir public ? Certaines analyses ou suggestions ne risquent-elles pas de mettre en cause voire d'affaiblir tel secteur d'activité ou telle autorité ? Les dévoilements opérés par la recherche ne risquent-ils pas de provoquer un débat que l'on n'estimerait pas opportun d'ouvrir dans telle conjoncture ?

Dans certains cas, l'institution ne rejette pas catégoriquement l'étude mais, faisant preuve d'une sorte de méfiance, elle l'entoure d'une certaine confidentialité et n'en effectue pas la promotion, ni interne ni externe.

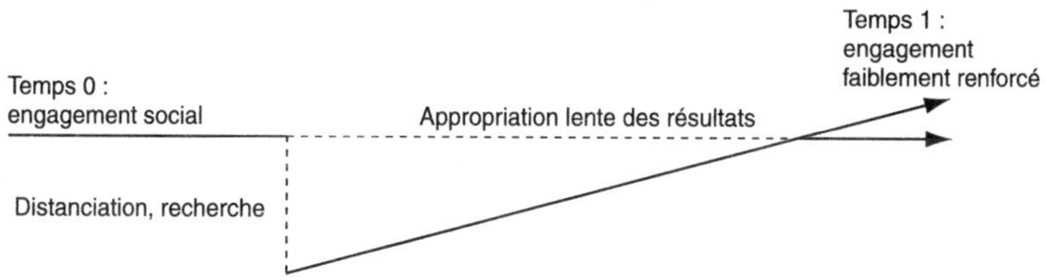

On peut penser que la situation rencontrée par GILLARD dans le champ éducatif et décrite ci-dessous, est assez proche de ce scénario appropriatif assez lent.

Situation 22
Redoublement et motivation : une appropriation difficile

La confrontation de notre hypothèse principale aux résultats des analyses d'entretiens nous amène à soutenir que la deuxième année complémentaire organisée au terme du premier degré de l'enseignement secondaire n'améliore pas la motivation — généralement négative — des élèves qui l'ont entreprise. Cette absence d'amélioration de leur motivation s'explique par :

- une perception de la valeur du cours considéré qui demeure négative,
- une hésitation à qualifier — comme positifs ou négatifs — les effets de cette année complémentaire sur leur compétence, leur contrôlabilité et la valeur du cours considéré.

Pour ce qui concerne nos trois sous-hypothèses : « Chez les élèves ayant entrepris une deuxième année complémentaire, les perceptions liées à leur motivation scolaire sont influencées par leurs enseignants (sous-hypothèse n° 1), par les autres élèves de la classe (sous-hypothèse n° 2) et par leur milieu familial (sous-hypothèse n° 3). »

L'influence des enseignants. Ce que les élèves interrogés révèlent généralement au sujet de leur enseignant devrait contribuer à ce qu'ils développent une perception positive de leur compétence et de leur contrôlabilité. Par contre, les entretiens révèlent que l'influence de certains enseignants ne s'exercent pas suffisamment dès lors qu'il s'agit de donner du sens aux apprentissages qu'ils proposent à leurs élèves.

L'influence des autres élèves de la classe. Certains témoignent d'une attitude positive des élèves de leur classe à leur égard ; chez d'autres, au contraire, les paroles des élèves de la classe sont perçues négativement par ceux qui ont entrepris une deuxième année complémentaire. Les deux composantes opposées de cette influence sont de nature à expliquer les hésitations dont plusieurs élèves témoignent quant il s'agit pour eux de décrire leurs perceptions.

L'influence des parents. Une analyse des styles éducatifs des parents et de leurs attitudes à l'égard de leurs enfants pendant cette année complémentaire montre — comme le soutient notre troisième sous-hypothèse — un lien avec les perceptions de ces derniers, relatives à leur motivation scolaire. De manière générale, les résultats d'analyses de ces entretiens établissent que :

> Les parents qui se caractérisent par des styles éducatifs « maternaliste » ou « statutaire », fort centrés sur l'accommodation et l'exercice d'une autorité coercitive, ont tendance à développer, pendant cette deuxième année complémentaire, une attitude menaçante à l'égard de leur enfant. Celle-ci peut être reliée aux perceptions généralement négatives de ces élèves, en matière de motivation scolaire.
>
> Les parents qui se caractérisent par un style éducatif « contractualiste », centré sur l'autorégulation et utilisant la relation comme technique d'influence, se répartissent en deux modèles d'attitudes pendant cette deuxième année complémentaire :
>
> 1° Certains développent à l'égard de leur enfant une attitude méfiante : on peut la relier aux perceptions hésitantes de leur enfant au sujet de sa motivation scolaire.
>
> 2° D'autres développent à l'égard de leur enfant une attitude encourageante : on peut la relier aux perceptions positives de leur enfant au sujet de sa motivation scolaire.

Ces résultats ne sont pas nécessairement nouveaux : ils confirment plus qu'ils n'innovent de nombreuses recherches qui vont dans le même sens. Comme le soutient CRAHAY au sujet de la question qui vise à se demander si l'on peut encore croire aux vertus du doublement : « La réponse de la recherche en éducation à cette question est nette : non. Toutes les hypothèses qu'il est possible de formuler quant à d'éventuels effets positifs du doublement sont réfutées. Ainsi, il est clair que le doublement n'aide pas les élèves à repartir d'un bon pied. Au contraire, ceux qui doublent se caractérisent par des compétences moins élevées que leur condisciples du même âge, qui, tout en éprouvant des difficultés scolaires, ont été promus » [4].

On est en droit de se demander pour quelle raison ces recherches sont si peu réappropriées par les acteurs de terrain : les enseignants, en particulier. J.J. PAUL (1996) — comme bien d'autres — sont interpellés par cette imperméabilité des enseignants aux arguments des chercheurs au sujet du doublement : « On peut se poser la question de savoir si le divorce est fatal entre les chercheurs en sciences de l'éducation, qui rejettent le redoublement à force d'arguments puisés dans les résultats de leurs travaux, et les enseignants. En effet, sans doute le discours produit par les chercheurs a-t-il du mal à parvenir jusqu'aux oreilles des praticiens que sont les enseignants. » (PAUL, 1996 : 117).

De nombreuses recherches ont été menées auprès des enseignants pour mieux comprendre ce qui justifiait à leurs yeux la pratique du doublement : nous présentons ci-dessous les résultats de trois d'entre elles.

La recherche de LEROY A.-M. (2000) :

Cette recherche, dirigée par ALBARELLO et menée auprès des enseignants de six écoles fondamentales en Communauté française de Belgique, au sujet de la problématique du « Redoublement à l'école de la réussite » montre que :

4 CRAHAY M. (1996) *Peut-on lutter contre l'échec scolaire ?*, De Boeck Université, Bruxelles : 190

« C'est essentiellement la conception que les enseignants ont de l'intelligence stable ou évolutive qui influence les pratiques de redoublement. Les enseignants attribuent aux signes de faiblesse qu'un enfant montre au niveau des apprentissages, une défectuosité du don d'intelligence reçu à la naissance. Face à cette « fatalité », et en fonction du degré de difficultés rencontré, ils vont adopter deux types de mesures :

Pour la plupart des élèves, ils vont miser sur un progrès possible en leur faisant refaire à l'identique le parcours des apprentissages.

Pour certains autres, qu'ils estiment en trop grande difficulté et pour lesquels aucun progrès n'est attendu, ils prescrivent l'orientation dans l'enseignement spécial » (LEROY, 2000 : 127).

La recherche de LEBOULANGER (1995)

Cette recherche a exploité les réponses d'environ 400 enseignants français de l'enseignement secondaire à un questionnaire relatif à leur opinion quant au doublement : les résultats montrent qu'une forte majorité d'entre eux — les deux tiers — considèrent le doublement comme une mesure utile, voire nécessaire, dans la pratique pédagogique.

La recherche de STEGEN (1994)

CRAHAY (1996) présente une enquête réalisée par STEGEN (1994) auprès de 263 enseignants du début du secondaire en Communauté Française de Belgique. Il s'agissait d'y repérer les opinions exprimées par ces enseignants à propos du doublement. Plusieurs observations qui y furent réalisées sont intéressantes pour notre propos : elles confirment les résultats obtenus par LEROY et LEBOULANGER.

Une majorité (78 %) d'entre eux pensent que le doublement a des effets positifs sur l'apprentissage des élèves dans la mesure où il laisse la maturation faire son œuvre. Ils estiment que certains élèves ont besoin d'une année supplémentaire : cela leur permet de mûrir et de mieux se préparer à affronter les difficultés de leur scolarité future.

Une autre majorité — plus faible cependant (53 %) — continue de croire que, pour l'élève qui double, le fait qu'il pourra parcourir une deuxième fois la totalité du programme est en général bénéfique pour lui.

Il faudrait ici essayer de mieux saisir par quel mode de pensée les enseignants sont conduits à croire à l'efficacité du doublement. CRAHAY présente deux travaux de recherche donnant quelques éléments de réponse :

L'enquête (Interviews) réalisée par BURDEVET en 1994 auprès de 11 enseignants genevois. Le critère utilisé pour justifier leur regard positif sur le doublement est essentiellement des impressions relatives au bien-être affectif de l'enfant. Il semble cependant que la plupart de ces enseignants soient conscients du caractère subjectif de leur jugement.

La recherche de SMITH (1990) montre que la persistance de la croyance des enseignants dans les bienfaits du doublement est liée à l'information tronquée dont ils disposent. Ils ont souvent l'occasion de constater que, en début d'année scolaire, un enfant qui double est bien plus à l'aise que l'année précédente et peut-être plus habile que certains de ses condisciples plus jeunes. Ils en concluent alors que le doublement a eu des effets bénéfiques sur l'élève. Mais ce qu'ils n'envisagent pas, c'est ce que serait devenu ce même enfant s'il avait été promu d'une année à l'autre. À ce sujet, J. PIAGET a insisté sur le fait qu'« il convient de se méfier de ses impressions premières et de ce que l'on prend pour des perceptions directes. On se rapproche de l'objectivité au travers d'un processus exigeant où il importe que le sujet se décentre par rapport à ses impressions et perceptions initiales, corrige les déformations dues aux centrations de départ et coordonne ses différentes prises d'informations » (PIAGET, 1956 *in* CRAHAY, 1996 : 146).

GILLARD se pose la question pertinente suivante : « On est en droit de se demander pour quelle raison ces recherches sont si peu réappropriées par les acteurs de terrain, par les enseignants, en particulier. PAUL (1996) — comme bien d'autres — sont interpellés par cette imperméabilité des enseignants aux arguments des chercheurs au sujet du doublement. »

Cette interrogation rejoint la démonstration que nous livre BONAMI (1996 : 201) qui démontre combien les conditions organisationnelles de l'implantation des expériences d'innovation (disons, en ce qui nous concerne, des résultats des recherches) sont déterminantes, en particulier dans le champ de l'école et de l'enseignement. La « force d'inertie » qui s'y développe est minutieusement analysée par cet auteur en tant que produit de la conjonction de nombreux facteurs qui ont trait aux modes de fonctionnement des différents acteurs.

Dans un article traitant de la fonction sociale des sciences humaines, LIÉNARD [5] souligne quant à lui l'importance d'un autre facteur qu'il juge essentiel dans l'appropriation de l'analyse scientifique par l'acteur social à savoir la *cumulativité*. Il écrit :

> « L'expérience des recherches tend à montrer un lien étroit entre la cumulativité scientifique et la pertinence sociale. Par exemple, désigner les éléments pertinents du système scolaire permettant de réduire les inégalités marquant une majorité des fils et filles de familles peu qualifiées, demande une accumulation longue, rigoureuse de recherches longitudinales portant non seulement sur les familles mais aussi sur les enseignants, sur les modèles pédagogiques, sur les clivages, les alliances et les choix de la société civile et politique. »

Ce dernier raisonnement nous renvoie d'ailleurs, en terme de savoir-être intellectuel du praticien-chercheur, à l'une des dispositions mentales, l'une des vertus, que nous avons précédemment traitée : la modestie liée à l'acceptation du fait que la recherche menée fait partie d'un ensemble d'autres études réalisées sur le même champ par d'autres chercheurs.

3.3 La non-appropriation

Il peut arriver que la recherche dévoile un dysfonctionnement ou mette à nu des pratiques que certains acteurs, parfois influents, préféreraient voir rester dans l'ombre. Le pouvoir se satisfait parfois, c'est bien connu, de quelques zones d'ombre. Dévoiler les stratégies de groupes sociaux, identifier des modes de penser, repérer des représentations, des niveaux d'insatisfaction ou des stratégies diverses, tout cela n'est pas toujours facile à exprimer, à accepter. Il peut dès lors arriver que l'institution se referme sur elle-même, s'auto-protège en quelque sorte et refuse toute publicité aux résultats de l'étude terminée ; ceci est visualisé comme suit :

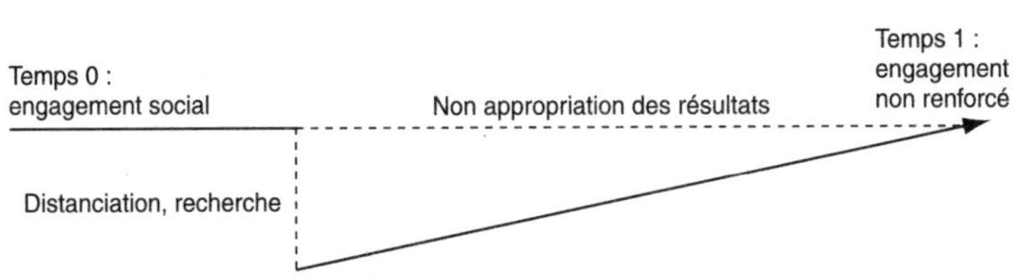

5 LIÉNARD G., « Analyse scientifique et choix politiques », in *La lanterne magique*, bulletin de la FOPES, décembre 2002.

Prenons le cas d'une organisation qui tire une grande partie de sa légitimité du fait de son caractère pluraliste et parce qu'elle représenterait harmonieusement et proportionnellement les différentes tendances politiques ou idéologiques nationales ou régionales. Imaginons, exemple fictif, qu'une recherche reposant sur une enquête auprès des membres démontre rigoureusement que cela n'est pas vraiment le cas et que l'organisation en question est très particulièrement ancrée dans un monde idéologique spécifique. Pour la direction, que faire avec ces résultats puisque, pense t-elle, les rendre publics risque d'affaiblir l'organisation ? Les résultats sont alors mis sous le boisseau, les rapports restent confidentiels ou sont placés à l'abri sur les rayons discrets d'une bibliothèque peu fréquentée. Des situations semblables se produisent malheureusement parfois et il vaut mieux en être conscient.

Les trois phases que nous venons de relever ci-dessus peuvent être mises en parallèle avec les théories de l'apprentissage dans les organisations et du *knowledge management* qui signifie la volonté de gérer les connaissances ; dans cette approche, trois niveaux sont également distingués (BOUSSARD : 317) : le premier est *l'apprentissage zéro* dans lequel l'acteur n'est pas en mesure d'inventer une solution ni d'apprendre un autre comportement ; il tente juste de s'adapter à une situation. Le second est *l'apprentissage en simple boucle* dans lequel l'acteur, devant une nouvelle connaissance (ou confronté à une situation nouvelle), adapte la procédure mais cette adaptation est ponctuelle. Enfin, troisième niveau, *l'apprentissage en double boucle* qui va exiger une réelle volonté de changement que l'on va pouvoir qualifier d'apprentissage organisationnel. Divers auteurs se posent dès lors la question de savoir comment étendre aux organisations les acquis des sciences de l'apprentissage qui portent forcément sur l'individu. Un auteur comme ALTER propose une approche non linéaire du passage individu — collectif ; ce passage vers un apprentissage organisationnel qui intégrerait les acquis de recherches (et par conséquent de nouvelles connaissances qui en sont issues), s'effectuerait sous forme d'un processus complexe qui intégrerait généralement une prise de risque, une gestion de l'informel, voire du désordre ainsi que de la mémorisation de connaissances (BOUSSARD : 330).

4. L'impact sur le praticien-chercheur

Nous venons de voir très brièvement comment une organisation ou plus largement un terrain peut réagir en face d'un apport de connaissances nouvelles issues de travaux de recherche et nous avons examiné différents niveaux d'intégration ou d'assimilation de ces acquis. Nous voudrions à présent envisager la question sous l'angle non plus du terrain dans son ensemble mais sous l'angle personnel du praticien qui a parcouru le cheminement que nous avons décrit tout au long de ce livre. Car, comme nous n'avons cessé de l'écrire, ce processus est exigeant, il est complexe, dense. Il fait appel à une série de compétences et de vertus qu'il faut activer, mobiliser. Donc, parcourir ce cheminement de distanciation ne s'effectue certainement pas sans laisser de traces, ni en « toute impunité ».

Tout d'abord, au début du processus, n'est-il pas naturel que le praticien, l'acteur se pose la simple question : « *Pourquoi devenir chercheur lorsqu'on est acteur, quel sens cela a-t-il ?* » Si cette question bien légitime est simple à poser, y répondre est bien plus complexe.

Pareille question peut en effet activer un questionnement relatif à sa propre insertion professionnelle. L'acteur peut se demander si l'emploi actuellement occupé lui permet de commencer une recherche ou quelle place occupera cette activité par rapport à d'autres activités professionnelles et par rapport à d'autres acteurs. Cela nous renvoie au chapitre consacré au contexte institutionnel de la recherche mais ce type de réflexion peut mettre en route pas mal d'interrogations personnelles importantes.

De même, la question si simple *« Pourquoi entamer ce processus ? »* peut soulever un questionnement complexe sur ses propres capacités individuelles à le mener à terme et sur ses propres acquis cognitifs antérieurs. Partant, peuvent être suscitées des interrogations personnelles relatives à l'estime de soi, à sa propre valorisation ou à sa reconnaissance par soi-même ou par d'autres individus de sa famille ou de son milieu professionnel, social. Tous ces questionnements personnels ne feront que s'accroître tout le temps que se réalise la recherche. On peut donc aisément comprendre qu'une sorte de résistance apparaisse dans le chef de certains acteurs qui hésitent à avancer dans l'aventure d'une recherche.

Enfin, la maîtrise d'outils nouveaux, l'acquisition de compétences spécifiques telles que nous les avons examinées, tout cela a certainement des effets sur le profil cognitif et relationnel des individus qui les mettent en œuvre : réflexion, rigueur, capacité de choix, ouverture, imagination, attitude d'écoute, de veille, etc.

Au-delà de cette approche personnelle, avoir mené une recherche peut également influencer la façon dont le praticien-chercheur perçoit à présent son organisation, son milieu de travail, son terrain. Il peut dans le cadre de son étude avoir aiguisé, développé un regard plus critique sur ce milieu, sur les valeurs qui y sont dominantes, sur les pratiques en cours, sur sa hiérarchie. Critique parce que, presque par définition, des dévoilements auront été produits et des réalités nouvelles seront apparues. Il peut être devenu critique au point d'être déçu, attristé d'une réalité nouvellement apparue. Cette déception doit alors pouvoir être gérée. Il y a donc bien de nombreuses conséquences personnelles possibles lorsqu'une recherche se termine. Mieux vaut en être conscient et, si cela est possible, s'y préparer mentalement.

Plus généralement toutefois, le praticien-chercheur se trouvera valorisé pour avoir contribué à une meilleure connaissance du champ qu'il a observé et rigoureusement étudié et son propre engagement, dans une plus grande connaissance du terrain, s'en trouvera généralement accru, renforcé.

CONCLUSIONS GÉNÉRALES

C'est que toute œuvre scientifique « achevée » n'a d'autre sens que celui de faire naître de nouvelles « questions »

(WEBER, 1963 : 87)

Nous l'écrivions dès le début de ce livre : nous n'avons pas voulu ouvrir une fois de plus l'éternel débat entre « savoir savant » et « savoir profane » ; entre « science » d'un côté, « expérience » de l'autre ; entre « connaissance scientifique » d'une part, « connaissance ordinaire » et « pensée pratique » de l'autre [1]. Nous sommes en tout cas profondément convaincu que ne se tient pas d'un côté la science (humaine) et de l'autre, l'action (sociale) ; les sciences humaines s'immergent sans cesse dans le social tandis que les acteurs sociaux intègrent sans cesse les acquis des recherches.

Pour nous, l'idée d'une localisation de l'activité de recherche dans un lieu spécifique qui par définition et automatiquement, fournirait le caractère scientifique à une recherche en remplissant un illusoire « postulat d'autonomie », cette manière de voir les choses est incorrecte. Il faut au contraire qu'existe bel et bien ce précieux lien entre recherche et terrain social ; un lien certes maîtrisé — ce fut là notre objectif premier que de définir comment maîtriser ce lien — mais un lien maintenu, fort, étroit.

Au terme de ce livre, nous défendons le point de vue selon lequel deux questions fondamentales se posent en termes de production de la connaissances et de recherche. La première est de savoir si l'objet d'étude est ancré dans une réalité sociale. C'est le nécessaire rapport à l'action, au vécu, à l'engagement pour reprendre

---

1 Dans son article « L'expérience en formation d'adultes » (1990), de VILLERS dresse l'inventaire des significations du terme « expérience » et propose des repères pour une compréhension philosophique du débat connaissance — expérience.

le concept initial d'ELIAS. C'est là que réside la dimension éthique du projet. Si tel n'est pas le cas, la démarche risque d'être spéculative, éthérée, non ancrée.

La seconde question tout aussi importante est celle qui consiste à se demander *comment* le chercheur peut se distancier de son objet, comment il peut acquérir cette attitude scientifique tellement spécifique que nous avons décrite tout au long de ces pages. Si tel n'est pas le cas et si la distanciation n'est pas opérée, la démarche reste intuitive, collée aux faits, à l'action ; elle est de nature réflexive mais n'acquiert pas le statut de scientifique.

Ce sont ces deux dimensions qui doivent être *travaillées* en permanence par les praticiens-chercheurs, ainsi que nous l'ont indiqué les deux études de MOURAUX et GILLARD. Celles-ci nous ont en effet montré ce que signifie l'ancrage d'une recherche dans un terrain social et à quel point cette articulation est utile et précieuse. C'est cet ancrage dans un terrain donné qui permet d'identifier les enjeux de recherche socialement importants. Ensuite, les illustrations ont concrètement montré comment un processus de distanciation doit et peut être accompli tout au long du processus. Elles ont souligné l'importance, dès le début de la recherche, de se fixer explicitement un objectif de recherche ainsi qu'une hypothèse non ambiguë qui est, comme l'écrivait bien GUIGUE-DURNING (1995 : 235),

> « une conjecture douteuse mais vraisemblable, par laquelle l'imagination anticipe sur la connaissance, et qui est destinée à être ultérieurement vérifiée ».

Les hypothèses gagnent toujours à être explicitées et dévoilées. Même si l'on pense que sa recherche est « inductive », même si l'on pense « faire de l'exploratoire », même si « l'on n'est pas hypothético-déductif », l'expérience montre à l'envi qu'il est toujours souhaitable en début d'étude, de faire cet effort d'explicitation d'une ou de quelques hypothèses, parfois peu précises mais toujours présentes.

Les illustrations nous ont également bien montré à quel point il est souhaitable d'articuler sa recherche avec un cadre théorique. Nous avons pu nous rendre compte avec précision que cette démarche délicate de recherche et de maîtrise est loin de constituer une attitude prétentieuse ou inutilement académique. Tout au contraire, le recours aux référents théoriques ouvre toujours des pistes auxquelles les chercheurs ne pensent pas intuitivement. La démarche est bien souvent difficile à effectuer pour les praticiens-chercheurs, mais elle stimule la pensée par le recours à des concepts antérieurement travaillés, construits, affinés. De la sorte, le recours à un cadre théorique éprouvé, loin d'être une répétition simpliste d'outils découverts par d'autres, renforce intrinsèquement toute recherche et lui fournit une ampleur tout à fait nouvelle.

Toutes ces démarches et ces opérations aident le praticien-chercheur à s'orienter vers un modèle de pensée caractérisé par une perspective de distanciation. De la sorte, il quitte pour un temps préalablement négocié l'intuitif, le subjectif, le militantisme, c'est-à-dire le modèle de l'engagement, pour reprendre ici le concept d'ELIAS.

Notre pratique d'enseignant nous indique que l'apprentissage de cette démarche s'effectue particulièrement bien sous certaines conditions : apprentissage coopératif, dimension collective et travail en sous-groupe, etc. C'est la raison pour laquelle nous avons consacré quelques pages à exposer quelques-unes de ces formes d'acquisition en plaçant au centre de notre réflexion la notion même de compétence et d'acquisition intégrée de compétences.

Enfin, le regard que nous venons de jeter sur la manière dont les praticiens-chercheurs réalisent une recherche scientifique ainsi que la façon dont certains instituts universitaires leur permettent d'acquérir les compétences utiles à cette démarche, nous conduit à penser qu'en sciences humaines, il est plus souhaitable que jamais, en ces temps de grande réorganisation de l'enseignement universitaire européen, de resserrer les liens et de jeter des ponts de plus en plus solides et nombreux entre les centres de recherche et les universités d'une part et les praticiens de l'action sociale d'autre part.

Cette exigence est portée depuis longtemps dans une perspective morale, politique ou éthique qui souhaite fournir la possibilité de réaliser des études universitaires aux adultes qui ne l'ont précédemment pas eue. Elle l'est aussi, depuis moins longtemps, dans une perspective socio-économique : renforcer sans cesse la société de la connaissance pour rendre celle-ci plus efficiente et économiquement plus performante.

Tout en acceptant ces deux premières orientations, nous pensons que l'exigence de liaison, de contacts fréquents et de féconde articulation entre les praticiens-chercheurs et les universités peut et devrait aussi être portée dans une finalité plus strictement scientifique. L'expérience montre en effet quotidiennement que c'est précisément à partir de l'articulation pertinente, rigoureuse, sans compromis entre l'action sociale et le processus scientifique de la recherche que jaillissent d'innombrables études socialement ancrées, pertinentes, utiles, scientifiquement construites et validées.

BIBLIOGRAPHIE

ALBARELLO L. (1999*), Apprendre à chercher, l'acteur social et la recherche scientifique*, Louvain-la-Neuve, De Boeck Université.

AMBLARD H., BERNOUX P., HERREROS G., LIVIAN Y-F. (1996), *Les nouvelles approches sociologiques des organisations*, Paris, Le Seuil.

BAJOIT G. (1992), *Pour une sociologie relationnelle*, Paris, Presses Universitaires de France.

BANDURA A. (2003), *Auto-efficacité. Le sentiment d'efficacité personnelle*, Paris, De Boeck Université.

BECKER H. (1985), *Outsiders. Études de sociologie de la déviance,* Paris, A.-M. Métaillié.

BERGER P., LUCKMANN T. (2002), *La construction sociale de la réalité*, Paris, Armand Colin.

BONAMI M., GARANT M. (Éds) (1996*), Systèmes scolaires et pilotage de l'innovation. Emergence et implantation du changement.* Paris-Bruxelles, De Boeck Université.

BONNEWITZ P. (1997), *Premières leçons sur la sociologie de Pierre Bourdieu*, Paris, PUF, coll. Major Bac.

BOURDIEU P. (1987), *Choses dites*, Paris, Éditions de Minuit.

BOURGEOIS E., NIZET J. (1997), *Apprentissage et formation d'adultes*, Paris, PUF.

BOURGEOIS E. (1991), L'analyse des besoins de formation dans les organisations : un modèle théorique et méthodologique, *Mesure et évaluation en éducation*, vol.14, n° 1.

BOUSSAR V., CRAIPEAU S., DRAIS E., GUILLAUME O., METZGER J.-L. (2002), *Le socio-manager. Sociologies pour une pratique managériale*, Paris, DUNOD.

BRAUER M. (2000), L'identification des processus médiateurs dans la recherche en psychologie *in L'année psychologique*, 2000, 100, 661-681.

CRAHAY M. (1996) *Peut-on lutter contre l'échec scolaire ?,* Bruxelles, De Boeck Université.

CROZIER M., FRIEDBERG E. (1977), *L'acteur et le système*, Paris, Le Seuil.

DE BRUYNE P., HERMAN J., DE SCHOUTHEETE M. (1976*), Dynamique de la recherche en sciences sociales*, Vendôme, Presses Universitaires de France.

DEMAILLY L. (1996), La gestion de l'innovation en éducation : le rôle des réseaux dans la recherche-développement, *in Systèmes scolaires et pilotage de l'innovation* (Éds M.Bonami et M.Garant), Paris-Bruxelles, De Boeck et Larcier.

DEMAILLY L. (2001), (Éd.), *Évaluer les politiques éducatives. Sens, enjeux, pratiques*, Bruxelles, De Boeck Université.

COMTE-SPONVILLE A. (1995), *Petit traité des grandes vertus*, Paris, Presses Universitaires de France.

De QUEIROZ J-M. (1995), *L'école et ses sociologies*, Paris, Nathan Université.

De VILLERS G. (1990), L'expérience en formation d'adultes. *in Questions de formation. Expérience et formation.* Namur. Éditions Erasme.

DEPRE O. (2000), *Philosophie morale*, Louvain-la-Neuve, Academia Bruylant.

ELIAS N. (1983), *Engagement et distanciation*, Paris, Fayard.

FRIEDBERG E. (2001), Faire son métier de sociologue, surtout dans l'intervention *in La sociologie dans l'intervention*, (D.Vrancken et O.Kuty, Éds), Bruxelles, De Boeck Université.

FRANCK R. (1994), Les explications causale, fonctionnelle, systémique, et dialectique sont-elles complémentaires ? *in Faut-il chercher aux causes une raison ? L'explication causale dans les sciences humaines*, Paris, Librairie VRIN.

FOURNIER M. (1998), De la distinction au plaisir, *Sciences Humaines*, n° 82.

GARANT M., SCIEUR P. (2002), (Éds.), *Formation et changement dans les organisations,* Bruxelles, Éditions Vista.

GILLARD C. (2001), *L'influence d'une année complémentaire sur la motivation des élèves.* Mémoire en Sciences de l'éducation, Université Catholique de Louvain.

HIERNAUX J-P. (1990), Action, construction du savoir et formation *in Expérience et formation, Question de formation*, Bruxelles, Éditions Erasme.

HUISMAN D. (1989), *Les pages les plus célèbres de la philosophie occidentale*, Paris, Perrin.

JACOB S., VARONE F. (2003), *Évaluer l'action publique : état des lieux et perspectives en Belgique*. Gent, Academia Press.

KELLERHALS, MONTANDON (1991), *Les stratégies éducatives des familles*. Neufchatel, Delachaux et Niestlé.

LANNOYE C., MOURAUX D., VAN COTTOM J. (1999), *L'école vit au rythme de ses tensions.* Bruxelles, De Boeck et Larcier.

LALANDE A. (1996), *Vocabulaire technique et critique de la philosophie*, Paris, Presses Universitaires de France.

LEROY A.-M. (2000), *Du redoublement à l'école de la réussite*. Mémoire en Sciences de l'éducation, Université Catholique de Louvain.

LIÉNARD G. (2002), Analyse scientifique et choix politiques, *in La lanterne magique, bulletin de la FOPES.*

MERLLIE D., LENOIR (1989), La construction statistique, *in* Champagne *et al.*, *Initiation à la pratique sociologique*, Paris, Bordas.

MIAS C. (1998), *L'implication professionnelle dans le travail social*, Paris, L'Harmattan.

MINGUET G. (2001), Taxinomie de modèles sociologiques d'intervention, *in La sociologie dans l'intervention*, (D.Vrancken et O.Kuty, Éds), Bruxelles, De Boeck Université.

MOURAUX D. (2001*), Le coût scolaire privé. Comment les écoles le gèrent ; comment les familles le vivent*, Bruxelles. Éditions Recherche Etude Formation, Ligue des familles.

PAQUAY L. (1993), Le travail de fin d'études, clé de voûte d'une formation initiale d'enseignants-chercheurs ? », in *La recherche en formation des maîtres*, Paris, Éditions ESKA.

PAUL J.-J. (1996*), Le redoublement : pour ou contre*. Paris. ESF.

PETRUCCI A. (1998), Le choix des lecteurs, *Sciences humaines*, n° 82.

PINTO L. (1989), Expérience vécue et exigence scientifique d'objectivité *in* Champagne *et al.*, *Initiation à la pratique sociologique*, Paris, Bordas.

ROEGIERS X. (2001), *Une pédagogie de l'intégration. Compétences et intégration des acquis dans l'enseignement*, 2e édition, Bruxelles, De Boeck Université.

RUQUOY D. (2001), La production de connaissance en formation d'adultes : entre science et action, *in Développement des personnes et engagement des acteurs*. Education permanente, n° 145.

SAINT-ARNAUD Y. (2001), La réflexion-dans-l'action. Un changement de paradigme. *Recherche et Formation*, n° 36, pp. 17 à 27.

SOLAR C. (2001), Groupe d'adultes, savoir et rapport au savoir. *in Le groupe en formation des adultes*. Bruxelles, De Boeck Université.

TARDIF J. (1997), *Pour un enseignement stratégique : l'apport de la psychologie cognitive*. Montréal, Éditions Logiques.

VIAU R. (1999), *La motivation en contexte scolaire,* Bruxelles, De Boeck Université.

WEBER M. (1963), *Le savant et le politique*. Paris. Éditions 10/18.

INDEX

TABLE DES MATIÈRES